供应商奖励对观察者分销商的心理影响路径研究

陈 莹 著

華東理工大學出版社
EAST CHINA UNIVERSITY OF SCIENCE AND TECHNOLOGY PRESS
·上海·

图书在版编目(CIP)数据

供应商奖励对观察者分销商的心理影响路径研究/陈莹著. —上海：华东理工大学出版社，2021.5
ISBN 978-7-5628-6307-6

Ⅰ.①供… Ⅱ.①陈… Ⅲ.①企业管理—供销管理—研究 Ⅳ.①F274

中国版本图书馆CIP数据核字(2021)第077259号

策划编辑 / 刘　军
责任编辑 / 秦静良
装帧设计 / 徐　蓉
出版发行 / 华东理工大学出版社有限公司
地址：上海市梅陇路130号，200237
电话：021-64250306
网址：www.ecustpress.cn
邮箱：zongbianban@ecustpress.cn
印　　刷 / 江苏凤凰数码印务有限公司
开　　本 / 710 mm×1000 mm　1/16
印　　张 / 10.25
字　　数 / 142千字
版　　次 / 2021年5月第1版
印　　次 / 2021年5月第1次
定　　价 / 68.00元

本书是国家自然科学基金青年科学基金项目“分销网络中奖励的观察者效应研究”(71802081)和教育部人文社会科学研究青年基金项目“供应商奖励对观察者分销商的心理影响路径研究”(18YJC630016)的阶段性成果。

前　言

在供应商—分销商关系中，与分销商保持长期稳定的合作关系对供应商来说尤为重要。如今，随着国内分销商的迅速成长，分销商拥有了更大的权力和规模，很难做到仅对一家供应商保持忠诚，然而供应商依然在很大程度上依赖分销商来提高其对终端用户的销售额。因此，如何实施治理策略来提高分销商的关系承诺水平，成为供应商面临的一项主要挑战。在分销渠道中，奖励是供应商经常使用的一项渠道激励治理策略。供应商往往会对达到或超过绩效目标的或有较高销售增长的优秀分销商给予奖励，来激励其在未来继续保持较高的关系承诺水平和合作绩效，同时激励其他分销商努力提高自己的业绩，从而在整个分销网络中达到较高的分销商承诺和忠诚水平。但是在现实中，供应商的奖励措施并不总是能带来良好的激励效果。这是因为供应商的奖励措施主要关注优秀分销商，而忽视了其他分销商的心理和行为反应。然而其他分销商在整个分销网络中却占了更大的比例，其心理和行为反应在一定程度上更加能够反映奖励的实施效果，并最终决定奖励措施的成败。因此，了解奖励对处在观察者地位的分销商（简称"观察者分销商"）的作用机制，能够帮助供应商在渠道中制定和实施有效的奖励策略，真正地达到激励所有分销商的目的。

大量的学术文献研究了激励治理机制对供应商—分销商合作关系的促进作用。研究发现，不同的激励治理机制能够减少自利性企业的交易摩擦，并最终形成高绩效的供应链合作关系。奖励作为一种最为常见的激励机制，却较少得到单独的研究。仅有的一些研究也都是从双边视角来研究奖励措施的效果和特征，即只考察了供应商奖励对获奖分销商的激励效果，一般认为奖励的力度越大，激励效果越好。但是，供应商对某一分销商发放的奖励不仅会影响该获奖分销商，而且会影响那些与获奖分销商处在同一分销网络中的其他分销商。在多边视角下，加大对某分销商的奖励力度，虽然能够增强对获奖分销商的激励效果，却有可能增加其他分销商的负面情绪，进而影响其对供应商的关系承诺。同时，分销商还会通过与其他分销商的比较产生对奖励公平性的认识，进而对奖励策略产生不同的情绪和合作行为反应。而奖励的公平性又可以被分为分配公平和过程公平，故而本研究跳出传统的双边视角，以多边视角研究奖励机制对于观察者分销商的溢出效应，即从奖励大小、奖励分配公平性和奖励过程公平性等方面研究影响观察者分销商对供应商的关系承诺的机制。

奖励的不同特征对观察者分销商的影响来自奖励所引发的社会比较。根据社会比较理论（social comparison theory），个体在进行社会比较后，会产生不同的情绪反应进而影响其行为。在分销环境中，观察者分销商在将自己和获奖分销商进行比较后，会由于未获得供应商的奖励而产生嫉妒情绪。基于这一情况，本研究提出，奖励的不同特征通过影响观察者分销商的嫉妒情绪来影响其关系承诺，而嫉妒情绪又包含善意嫉妒和恶意嫉妒两种类型，它们分别会产生不同的行为结果。本研究认为，奖励大小和奖励公平性可能引发观察者分销商关注奖励的不同方面，进而通过引发不同类型的嫉妒（善意嫉妒和恶意嫉妒）促使观察者分销商形成不同的关系承诺水平。

此外，奖励所产生的社会比较不是发生在社会真空中，而是被嵌入更大的社会网络结构里。社会网络结构会影响处于其中的个体对其处境的评估，进而影响其所体验到的不同情绪。分销商在分销网络结构中的中心性位置能够影响观察者分销商对奖励的评估，从而影响奖励所产生的善意嫉妒和恶意嫉妒的强度。因此，在多边视角下，本研究还分析了网络结构因素——网络中心性——对奖励特征和嫉妒情绪关系的调节作用。

根据以上背景，本研究综合考虑奖励大小、奖励分配公平性和奖励过程公平性等通过善意嫉妒与恶意嫉妒对观察者分销商关系承诺水平的不同影响，以及观察者分销商网络中心性对奖励影响嫉妒情绪的调节作用等方面，提出理论模型和研究假设。同时，本研究采用结构方程模型中的偏最小二乘法（PLS）对研究的理论模型和各项假设进行了检验。数据来自家电、化妆品和个人护理、家具等行业的204家分销商。研究结果显示，大部分假设得到了验证。因此，本研究得到如下几个主要结论：（1）奖励的不同特征会对观察者分销商的善意嫉妒和恶意嫉妒产生不同的影响，即奖励大小会影响观察者分销商的善意嫉妒而不会影响其恶意嫉妒，奖励分配公平性的提高会减弱观察者分销商的恶意嫉妒，而奖励过程公平性的提高则会增加观察者分销商的善意嫉妒；（2）善意嫉妒和恶意嫉妒会对关系承诺水平产生不同的影响，即善意嫉妒会提高观察者分销商的关系承诺水平，而恶意嫉妒则会降低观察者分销商的关系承诺水平；（3）不同的奖励特征通过善意嫉妒、恶意嫉妒的中介作用来影响关系承诺，即奖励大小通过增加观察者分销商的善意嫉妒来强化其关系承诺，奖励分配公平性通过减少观察者分销商的恶意嫉妒来强化其关系承诺，而奖励过程公平性通过增加观察者分销商的善意嫉妒来强化其关系承诺；（4）网络中心性能够调节奖励的不同特征对善意嫉妒和恶意嫉妒的影响，即网络中心性能够减弱奖励大小与恶意嫉妒间的正向关系，同时提高奖励分配公平性对恶意嫉妒的负向作用以及奖励过程公平性对善意嫉妒的正向作用。

针对以上这些结论，本研究提供了如下几点理论和管理启示：

本书的第一个理论贡献是以多边视角研究了奖励带来的观察者效应。研究结果证实了奖励激励措施对分销网络中观察者分销商的影响是显著的。因此，供应商应该意识到，除了重视获奖分销商以外，还要重视并了解其他观察者分销商的感受和行为，既能激励获奖分销商，又能激励广大的观察者分销商。

本书的第二个理论贡献是在多边视角下从奖励大小和奖励公平性两个方面来研究奖励的不同特征对观察者分销商的激励作用。研究结果表明，奖励大小、奖励分配公平性和奖励过程公平性都能够通过对善意嫉妒或恶意嫉妒的影响而激励观察者分销商更多地达成合作意向。因此，供应商在制定奖励策略时，既要重视奖励大小，也要保证奖励分配公平性和奖励过程公平性，从而使奖励能够最大限度地激励观察者分销商的合作行为。

本书的第三个理论贡献是将嫉妒情绪引入企业间关系治理的研究，验证了善意嫉妒和恶意嫉妒在奖励的不同特征与奖励的观察者效应之间的中介作用效果。因此，供应商在对分销商实施奖励时，应该注重这项奖励策略对观察者分销商造成的情绪影响，尽量增加善意嫉妒，减少恶意嫉妒，从而激励观察者分销商积极合作。

本书的第四个理论贡献是将网络结构变量引入奖励观察者效应的模型框架中，研究网络中心性对奖励的观察者效应的调节作用。在实际运营中，鉴于中心分销商在分销网络中的重要地位，供应商在实施奖励时应该特别关注中心分销商的情绪反应和行为，可以通过增强中心分销商对奖励分配公平性和奖励过程公平性的感知来提高其关系承诺水平。

目　录

第一章 导 论*

第一节 研 究 背 景

一、现实背景

在供应商—分销商关系中，供应商与分销商保持长期稳定的合作关系尤为重要(Johnson et al.，2012；Narayandas，2005)。如今，随着国内分销商的迅速成长，分销商在产品供应上变得越来越专业。同时，由于合并和并购的增多，分销商的规模和权力也不断扩大，逐渐开始经营不同的甚至相互竞争的产品线，这使分销商很难仅与某一家供应商保持合作关系。虽然直销盛行，但供应商的绝大多数的产品仍然需要通过分销商进行分销，供应商为了提升产品在终端用户的销售额，在很大程度上仍需依赖分销商。供应

* 本书得到国家自然科学基金青年科学基金项目“分销网络中奖励的观察者效应研究”(71802081)和教育部人文社会科学研究青年基金项目“供应商奖励对观察者分销商的心理影响路径研究”(18YJC630016)的资助。

商总是为分销商提供各种支持，期望强化分销商的关系承诺，从而实现较高的销售额与利润（Goodman and Dion，2001）。此外，由于供应商在与分销商建立关系时花费了大量的时间和金钱，为了保护这部分沉没成本，供应商也希望通过增强与分销商的关系承诺来锁定分销商，保证双方合作关系的持续而稳定的发展（Morgan and Hunt，1994）。分销商对供应商的关系承诺增强意味着分销商开始认同与供应商的渠道关系，关心供应商的利益，愿意努力销售供应商的产品以实现双方共赢（Kumar et al.，1995；庄贵军、席酉民，2003）。因此，在渠道管理中，供应商总是采取各种治理措施来增强分销商的关系承诺。

在分销渠道中，供应商通常会采取激励、监控、可执行的合同等措施来管理其与分销商之间的关系，增强分销商的关系承诺。其中，渠道激励旨在促进分销商和供应商的目标趋于一致，是最能激发分销商采取合作行为的治理措施。具体而言，渠道激励会促使分销商更愿意投入人力、物力，参与到供应商的促销活动中来，从而增加供应商的销售额，或者促使分销商愿意花费更多的时间来支持供应商的顾客服务目标，或者促使分销商更愿意为与供应商维持长期合作的关系而做出一些利益牺牲。供应商常用的激励手段包括要求分销商做出专用性投资（刘益等，2006）、对达到合同要求的分销商提供价格或利润溢价（Dutta et al.，1994）、对表现优秀的分销商实施奖励（Gilliland，2003）等等。

奖励策略作为最常见的渠道激励方式之一，得到了供应商的广泛应用（Gilliland，2003）。供应商往往会对达到或超过绩效目标的或有较高销售业绩增长的优秀分销商给予现金或非现金的奖励：一方面，激励它们在未来继续保持较强的关系承诺和较高的合作绩效（Gilliland，2003）；另一方面，激励其他分销商努力提高自己的业绩，从而在整个网络中建立较强的分销商承诺和较高的忠诚水平（Sterling，2013）。例如，全国知名的家电制造商格力公司，每年都会对优秀的分销商进行奖励。在2015年的湖北格力分销商大会上，格力公司将43辆豪车作为奖品发放给湖北优秀的分销商，此外还有现金奖励。

现实中供应商往往通过加大奖励力度来达到激励分销商的目的。俗话说,“重赏之下,必有勇夫”,供应商认为奖励力度越大,其对分销商的吸引力也越大,奖励激励效果也就越好。例如,面对中国中央空调行业发展下滑的总体态势,广州日立冷机有限公司为了继续扩大产品的市场占有率,实现公司业绩的逆势上扬,公司总经理刘思林在2016年度的全国分销商大会上许诺,将继续加大对优秀分销商的奖励力度,以与分销商建立利益共同体,获得更深层次的配合,最终实现与分销商的“睿变、携手、共赢”。

尽管每年供应商对分销商的奖励力度都很大,然而大部分花费并没有达到预期的效果,当奖励措施设置不当时,甚至会引起分销商的集体抵制,乃至降低产品的市场销量。例如,宝马汽车公司在华最初只对签订任务达到105%或110%的优秀分销商实施高额的奖励措施。然而国内豪华车市场发展步伐整体放缓,大部分汽车分销商面临经营和库存压力,难以达到最低的奖励标准,只有少数特别优秀的分销商才能获得宝马公司提供的销售奖励和补贴。这样的奖励政策引发了大部分宝马分销商的集体抗议。最后宝马公司不得不在2015年调整了奖励政策,扩大了奖励范围,照顾到更多分销商的需求,才平息了这一次渠道危机事件。

金额巨大的奖励措施并没有达到预期的激励效果,是因为供应商的奖励措施主要关注获奖的优秀分销商,而忽视了其他分销商的心理和行为反应。在分销渠道中,一家供应商往往会面对很多家分销商,依靠众多的分销商销售产品,为顾客提供服务,这就构成了一个分销网络。供应商在奖励表现优秀的分销商时,为了起到激励作用,会在整个分销网络中公布获奖分销商的名单及其所获的奖励大小,因而其他分销商很容易观察并了解到供应商对某一分销商采取的奖励措施。没有获得奖励的分销商可能会产生“吃不着葡萄说葡萄酸”的心理,进而把时间和精力转向其他供应商的产品或品牌上。此外,如果分销商还感到奖励有失公平,就会产生负面的情绪反应,降低自己对供应商的关系承诺水平,甚至导致分销商对供应商的集体抵制,从而引发渠道危机。在分销网络中，获得奖励的优秀分销商总是占少数，大部分的分销商处在观察者的地位，这些处在观察者地位的分销商对奖励的反应能够在很大程度上反映奖励措施的实施效果，并最终决定该奖励措施的成败。因此，了解奖励对处在观察者地位的分销商的作用机制，供应商可以在渠道中制定和实施有效的奖励策略，使供应商制定的奖励策略能够真正地达到激励渠道所有分销商的目的。

综上所述，奖励激励机制是渠道中经常被使用并且非常重要的一种治理机制，因为奖励措施不仅激励了获得奖励的分销商，还对其他分销商有激励和示范作用。但现实中，供应商往往仅采用调整奖励大小来调节激励效果，也只注重获奖分销商对奖励的反应，而忽视了在分销网络中占大多数的其他分销商的反应，最终导致奖励失效。因此，从多边视角研究奖励的溢出效应、考察观察者分销商的反应是非常重要的。另外，多边网络视角是以分销网络为基础进行研究的，难以排除网络结构对奖励的观察者效应的影响。例如，作为分销网络中的一员的分销商，在网络结构中的地位不同，也会使其对奖励的反应有所不同。这就增加了以多边视角研究奖励作用机制的复杂性。基于分销环境的最新变化及其所面临的挑战，本书将研究供应商应如何合理地安排自己的奖励策略，以提高观察者分销商的关系承诺水平，研究网络结构因素对其产生影响的问题，进而全面解释多边视角下奖励的作用机制，帮助供应商通过奖励构建良性的有持续竞争优势的分销网络。

二、理论背景

激励治理是商业协定的重要组成部分，在渠道关系中普遍存在(Gilliland, 2003)。无论是在基于市场的交易中，还是在层级制的关系或有着高度投入的合作关系中，都有各种激励措施的应用。大量的学术文献研究了激励治理机制对供应商—分销商合作关系的促进作用(e. g. , Anderson and Weitz, 1992)。研究发现，不同的激励机制能够减少自利性企业的交易摩擦，并最终形成高绩效的供应链合作关系(Bergen et al. , 1992)。奖励是最常见的激励机制之一(Frazier, 1984),供应商常常通过对优秀分销商的奖励来使各方的利益和目标达到一致,促成广泛的合作。但是,现有文献较少单独地研究奖励这一激励机制的作用效果。仅有的一些研究也都是从双边视角来研究奖励措施的特征和效果,即只考察了供应商奖励对获奖分销商的激励效果(e. g. , Gilliland, 2003; Gilliland and Kim, 2014)。这一双边视角将供应商和获奖分销商从分销网络中分离出来,将双方交易作为分析的单元,而忽视了奖励对其他分销商的示范和激励作用(e. g. , Antia et al. , 2006; Kashyap et al. , 2012)。另外,由于其他分销商没有获得奖励,现有双边视角下奖励的激励机制并不能用来解释奖励对其他分销商的影响,因而双边视角认为奖励只会影响供应商和获奖分销商的关系而忽视供应商与其他分销商的关系(e. g. , Antia et al. , 2006; Kashyap et al. , 2012),或者认为奖励对获奖分销商影响的机制也适用于分销网络中其他的分销商的想法(e. g. , Hakansson and Snehota, 1995)是不切实际的。

在分销网络中,一家供应商往往会面对多家分销商,供应商和分销商的双边关系是被嵌入多边分销网络中的,供应商和每一家分销商的双边关系不是割裂存在的,而是相互联系的(Palmatier et al. , 2007),并会相互影响(Wathne and Heide, 2004; McFarland et al. , 2008; 张闯,2008)。因此,供应商对某一分销商发放的奖励不仅会影响该获奖分销商,还会影响那些与获奖分销商处在同一分销网络中的其他分销商(Sterling, 2013)。与奖励对获奖分销商的经济激励作用不同的是,其他分销商会因为观察到获奖分销商获奖而产生不同的情绪和行为的反应,进而影响其与供应商的合作关系。然而与此相关的研究极其匮乏,几乎没有学者研究供应商奖励对其他未获奖分销商的影响机制。因此,本研究跳出传统的双边视角,以多边视角研究奖励机制的溢出观察者效应,即研究供应商对某一分销商的奖励是如何影响其他观察者分销商与该供应商之间的合作关系的。

在双边视角下,大部分学者是从奖励大小角度来对奖励机制的效果进行研究的。研究结果表明,供应商对某分销商的奖励力度越大,对该分销商的激励效果就越好(Klein and Leffler, 1981)。而在多边视角下奖励大小所产生的经济激励机制与双边视角下的是不同的。在多边视角下,加大对某分销商的奖励力度,虽然能够增强对获奖分销商的激励效果,却有可能增加其他分销商的负面情绪,进而影响其他分销商对供应商的关系承诺(Kumar et al., 1995; Cohen-Charash and Mueller, 2007; Sterling, 2013)。同时,奖励过大还可能引发其他分销商质疑奖励分配的公平性,进而影响奖励对其他分销商的激励效果。实际上,奖励大小只是衡量奖励措施的一项指标。在多边视角下,观察者分销商在将获奖分销商的投入产出比与自己的投入产出比进行比较后,进一步形成对奖励措施的主观认识,即奖励公平性的认识,进而对奖励做出积极或消极的回应。因此,本书将同时研究奖励大小和奖励公平性两个奖励特征在分销网络中对观察者分销商的影响,弥补现有文献只是从奖励大小方面研究奖励激励机制的不足。根据公平理论,学者们经常把公平分为分配公平和过程公平(Tyler and Lind, 1992)。本书采用同时考虑奖励大小、奖励分配公平性和奖励过程公平性如何影响观察者分销商对供应商的关系承诺的方法,研究多边视角下奖励的溢出观察者效应。

在多边关系中,观察者分销商往往需要通过与获奖分销商进行比较,才能够对奖励进行评估,得出奖励公平与否的认知,进而影响自身对供应商的关系承诺水平。因此,本研究运用社会比较理论来解释奖励机制在分销网络中的溢出观察者效应。社会比较理论(social comparison theory)认为,个体在进行社会比较后,会产生不同的情绪反应进而影响其行为(Van de Ven et al., 2009)。例如,当个体进行向上比较时,由于缺乏比较对象的特质、财产和成就,因而该个体会产生嫉妒的情绪(Parrott and Smith, 1993; Foster, 1972)。同样,在分销环境中,观察者分销商在将自己和获奖分销商进行比较后,会由于缺乏获奖分销商所获得的奖励而产生嫉妒的情绪。

具体而言,奖励大小从直观上反映了获奖分销商的成就和供应商对其重视程度。相比之下,其他分销商因缺乏供应商物质奖励的肯定和未受到供应商的重视而产生嫉妒的情绪。而奖励公平性是观察者分销商将自己的投入产出比和获奖分销商的投入产出比进行比较后得出的对奖励的主观性认识。如果观察者分销商认为奖励有失公平，就会由于自己没有得到应有的重视而产生嫉妒的情绪（Lieblich，1971；Cohen-Charash and Mueller，2007）。因此，根据社会比较理论可知，奖励大小和奖励公平性都会引发观察者分销商嫉妒情绪的产生。而嫉妒情绪又可以被分为善意嫉妒和恶意嫉妒两种类型，它们分别会带来不同的行为结果（Van de Ven，et al.，2009）。善意嫉妒的产生表明观察者分销商欣赏获奖分销商的成就，更加关注自己与获奖分销商相似的地方（同化效应），相信自己在未来也能获得同样的奖励，从而加大自己对供应商的投入，促成较高的关系承诺水平（Lockwood and Kunda，1997）；恶意嫉妒的产生表明观察者分销商憎恨获奖分销商的成就，更加关注自己与获奖分销商的差距（反差效应），认为自己不可能在未来获得同等待遇，因而做出消极的行为反应，降低自己的关系承诺水平（Collins，1996；Mussweiler et al.，2004）。由此可知，两种嫉妒形式的产生源于观察者分销商对奖励的不同认知和评估，进而对观察者分销商的关系承诺水平产生不同的影响。本研究认为，奖励大小和奖励公平性可能引发观察者分销商关注奖励的不同方面，进而通过引发观察者分销商产生不同类型的嫉妒情绪（善意嫉妒和恶意嫉妒）而形成不同的关系承诺水平。综上所述，本书将研究奖励大小、奖励分配公平性和奖励过程公平性是如何通过其所引发的善意嫉妒和恶意嫉妒来影响观察者分销商的关系承诺水平的。

社会网络理论认为，奖励的不同特征所引发的社会比较不是发生在社会真空中，而是被嵌入一种更大的社会网络结构里。社会网络结构会影响个体对其处境的评估，进而影响个体的情绪体验（Burt，2010）。因此，观察者分销商在分销网络结构中所处的位置会影响其对奖励的不同特征的评估（Buunk，et al.，1990），进而影响观察者分销商对获奖分销商的善意嫉妒和恶意嫉妒。根据社会网络理论，分销商处在分销网络中的不同位置会有不同的控制力（Freeman，1979）。具有高度网络中心性的分销商具有高度的控制力，觉得自己能够达到更好的结果或是避免不好的结果，因此奖励大小所造成的双方的差距对在网络中处于中心地位的观察者分销商的影响较小，有助于减少奖励大小对其嫉妒情绪的影响。另外，中心性的特殊地位也会使观察者分销商相信自己能获得公平对待，可以更好地利用奖励公平性带来的好处，从而加强奖励分配公平性和过程公平性对不同嫉妒情绪的影响。本书还将探究观察者分销商网络中心性对奖励机制的调节作用。以往有关奖励的研究大多局限于双边关系，忽视了网络因素对所嵌入的双边关系的影响，因而很少考虑网络结构因素（如网络中心性）对奖励激励措施的影响，本研究拟对此进行系统的探讨。

第二节　研究问题

我们从上述关于现实背景和理论背景的阐述中可以知道，不管是业内还是理论界，都较少从多边视角考虑奖励措施的作用机制。从业者和研究者大都关注奖励对获奖分销商行为的影响，主要研究奖励大小对获奖分销商的经济激励作用。然而，奖励措施的主要目的是通过奖励少数分销商来激励大多数分销商，所以考察分销网络中其他未获奖分销商（观察者分销商）的认知、态度和行为才是评估奖励有效性的关键。因此，本书探究的第一个问题是，在多边分销网络中，奖励是否会影响观察者分销商与供应商的合作关系。

以往在双边视角下对奖励机制的研究主要是着眼于奖励大小来研究奖励的治理效果（Gilliland，2003），而在多边观察者视角下，奖励大小和奖励公平性都会引发社会比较进而对观察者分销商产生影响。因此，本研究从奖励大小和奖励公平性两个方面入手，研究奖励的溢出观察者效应。根据公平理论，奖励的公平性又被分为分配公平性和过程公平性。基于这一理论，本书探究的第二个问题是，奖励的不同特征——奖励大小、奖励分配公平性、奖励过程公平性——如何影响观察者分销商与供应商之间的关系承诺水平。

与双边关系中的经济激励不同,多边关系中的奖励是通过社会比较来对观察者分销商的合作行为产生影响的。根据社会比较理论,进行向上比较的个体会因为缺乏他人所拥有的而产生嫉妒情绪,并最终影响到个体的行为(Foster, 1972; Parrott and Smith, 1993; Van de Ven et al., 2009)。在分销网络中,供应商对某一分销商发放的奖励大小,直接反映了供应商对该分销商的肯定和重视程度,其他分销商可能因为没有获得奖励而产生嫉妒情绪。另外,分销商在进行比较后得出的公平性的主观感知,能够影响其所感受到的奖励正当性的状况,进而影响其嫉妒情绪的产生。而不同的嫉妒情绪会产生不同的合作行为倾向(Van de Ven et al., 2009)。因此,研究者引入"嫉妒"这一心理变量,研究奖励大小、奖励分配公平性和奖励过程公平性是否可以通过触发不同类型的嫉妒(善意嫉妒和恶意嫉妒)来影响观察者分销商对供应商的关系承诺水平。本书探究的第三个问题是,善意嫉妒和恶意嫉妒对"奖励—承诺"的中介作用,进而完善奖励的不同特征对观察者分销商关系承诺影响的内在复杂路径。

如果将奖励产生的社会比较嵌入更大的社会网络中,那么处在分销网络不同中心性位置的分销商会对奖励的不同特征做出不同的评估,形成不同的认知,影响其所体验到的不同嫉妒情绪。因此,本书将研究社会网络的结构因素——网络中心性——对奖励的不同特征和嫉妒情绪关系的调节作用。本书探究的第四个问题是,观察者分销商网络中心性是否会影响奖励大小、奖励分配公平性和奖励过程公平性对善意嫉妒与恶意嫉妒这两种不同情绪的作用效果,进而影响奖励对观察者分销商关系承诺的作用效果。

综上所述,本书聚焦于多边视角下奖励的溢出观察者效应,具体探究:(1)奖励是否具有溢出的观察者效应,即奖励是否会对观察者分销商与供应商的合作关系产生影响?(2)影响观察者分销商的奖励特征主要有哪些?奖励的不同特征(奖励大小、奖励分配公平性和奖励过程公平性)如何促使观察者分销商产生不同的关系承诺水平?(3)奖励观察者效应的潜在作用机制是什么？嫉妒情绪是否在奖励观察者效应中起到了中介作用，即奖励的不同特征（奖励大小、奖励分配公平性和奖励过程公平性）是否通过善意嫉妒、恶意嫉妒导致观察者分销商形成不同的关系承诺水平？（4）社会网络的结构因素——网络中心性——是否会强化或弱化奖励对观察者分销商的治理效果，即观察者分销商网络中心性是否会调节“奖励—嫉妒”的关系，进而影响到奖励对观察者分销商的治理效果？

第三节　研 究 意 义

一、理论意义

本研究致力于从多边网络视角分析奖励的不同特征与观察者分销商的关系承诺之间的关系及其作用路径，从而了解供应商如何通过奖励表现突出的分销商来激励渠道网络中的所有分销商的内在机制，使奖励实现最大的激励效果。本研究通过整合社会比较理论和社会网络理论等有关理论，借鉴奖励治理机制、嫉妒、关系承诺和网络中心性等相关研究成果，运用科学的研究方法，深入探究奖励的不同特征（奖励大小、奖励分配公平性和奖励过程公平性）通过善意嫉妒、恶意嫉妒对观察者分销商关系承诺产生影响的内在复杂路径，以及观察者分销商的网络中心性对奖励的不同特征和嫉妒关系的调节作用。具体而言，本研究的理论贡献主要体现在以下四点。

1. 采取多边网络视角研究奖励的溢出观察者效应

本研究从多边网络视角研究奖励的不同特征对观察者分销商关系承诺的作用机制，以弥补与奖励相关的研究在多边视角上的理论缺口。学界从双边视角研究奖励对获奖分销商的作用机制，其研究结果表明，奖励的力度越大，获奖分销商的态度和行为反应越好（Gilliland，2003），进而促进其实施合作行为。本研究采用的多边网络视角打破了双边视角中忽视奖励对其他分销商影响的研究现状（e. g.，Antia et al.，2006；Kashyap et al.，2012），认为其他分销商会因为观察到获奖分销商获奖而产生情绪和行为的反应，进而影响其与供应商的合作关系，即供应商对某一分销商发放的奖励能够影响分销网络中其他分销商对供应商的关系承诺，而且奖励的这种溢出的观察者效应的作用机制与双边关系中奖励的经济激励机制也是不同的。双边关系中供应商通过对优秀的分销商的合作行为进行奖励，能使双方的利益和目标达成一致，进而激励该分销商在未来继续保持良好的关系承诺。而在多边关系中，观察者分销商并没有获得奖励，奖励对观察者分销商的直接经济激励作用失效，只能通过社会比较这一社会因素对其产生影响，因而不能直接把双边关系中奖励对获奖分销商的经济激励机制直接用来解释多边关系中奖励对观察者分销商的激励作用。总之，从多边的网络视角研究奖励的溢出观察者效应，能够弥补学界对奖励激励机制研究的不足，全面探究奖励在分销渠道中的激励作用，是以真实的渠道环境为背景，对现有奖励激励机制的研究框架的发展和完善。

2. 从奖励大小和奖励公平性两个方面研究奖励的溢出观察者效应

本研究识别影响观察者分销商的奖励特征（奖励大小、奖励分配公平性、奖励过程公平性），分析和检验奖励的不同特征对观察者分销商关系承诺的影响效果及潜在的作用机制。从观察者分销商的视角来看奖励和从获奖者本身的视角来看奖励是不同的，所以影响观察者分销商的奖励特征与传统的衡量奖励效果的特征也是不同的。例如，传统的研究奖励机制的文献认为，供应商给某分销商的奖励超出市场的标准越高，该分销商越会对供应商表现出顺从，双方长期合作的关系就越能得到保证（Klein and Leffler，1981）。而从观察者分销商的视角来看，奖励所造成的获奖分销商与观察者分销商的差距越大，越容易引发观察者分销商的负面情绪（比如，嫉妒）。奖励力度的加大所导致的观察者分销商的恶意嫉妒甚至有可能降低奖励的效用。另外，奖励过大不仅会导致观察者分销商的嫉妒情绪，还可能引发观察者分销商对奖励分配不公平性的感知。奖励不公平会造成获奖分销商和观察者分销商之间的差距，从而带来负面效应，而奖励公平则会抵消这种差距带来的负面效应，使奖励易于被观察者分销商所接受，也可以产生正面的激励作用。这是因为奖励的公平性使观察者分销商对奖励正当性的理解更加深刻，并让观察者分销商认为只要自己努力也可以获得同样的奖励，从而起到激励作用。因此，奖励公平性也是多边视角下不可忽视的一项奖励特征，本书将分别研究奖励大小和奖励公平性两个奖励特征对观察者分销商的影响机制。

有关公平的研究较为成熟，在一些文献中有非常丰富的研究视角。大部分有关公平的理论和研究都从多个维度探讨公平的影响，这些维度包括分配公平（如个体所获得的结果的公平性）、过程公平（如达到结果所经历的过程的公平性）和交互公平（如个人所得到的人际交往的公平）（Cohen-Charash and Mueller，2007）。由于交互公平是过程公平概念的延伸（Luo，2007），且奖励可从结果和过程两个方面来进行控制（Challagalla and Shervani，1996），所以本研究主要从分配公平和过程公平两个角度来衡量奖励的公平性。另外，以往有关组织公平的研究成果虽然较为丰富，但几乎未涉及奖励公平性的实施效果。本研究通过分析奖励分配公平性和奖励过程公平性对观察者分销商的情绪及行为的影响，解释奖励公平性对观察者分销商合作行为影响的具体过程，从而拓宽了公平理论的研究领域和应用范围。

3. 引入“嫉妒”变量解释了奖励的溢出观察者效应的内在作用机制

本书引入“嫉妒”这一心理变量——作为奖励的不同特征和观察者分销商关系承诺之间关系的中介变量——进行研究，有助于揭示奖励的不同特征和观察者分销商关系承诺之间的作用机制，并增强奖励的溢出观察者效应的理论解释力。以往有关嫉妒的文献大多集中于心理学领域，近几年逐渐被引入组织行为学领域（e. g.，Parrott and Smith，1993；Smith et al.，1999；Schaubroeck and Lam，2004；Sterling，2013）。这些研究以组织中的员工为研究对象，探讨职场嫉妒的内容结构及其与有关因素的关系，并往往把嫉妒当作一种负面的情绪来对待，认为其会导致负面的结果（Cohen-Charash and Mueller，2007）。“嫉妒”虽然是一种心理、人格特质的变量，但它也有社会互动的特征，能够解释不同社会群体的行为反应方式（Levine et al.，2000；Das and Kumar，2011）。古思和塔吉里（Guth and Tagiuri，1965）也提出，由于企业决策都是管理者做出的，因此个人的特质和价值会影响组织行为战略的选择。据此本书认为，分销网络内分销商之间既会因争夺市场份额、资源而相互竞争，也会因共享市场信息而相互合作，类似于企业内部员工之间的关系，分销商也会因为自己未能获得供应商的奖励而别的分销商获得了奖励，所以产生嫉妒情绪和行为反应，或者因为奖励分配的结果或过程不公平而产生嫉妒，并最终决定其与供应商合作的程度。因此，研究者能够把对嫉妒理论的应用从组织内拓展到组织间，用来解释奖励的溢出观察者效应的内在机制。另外，以前有关渠道治理的文章大多关注各种激励政策对分销商合作行为的影响，而没有研究行为背后的动机是什么（Kabanoff and Brown，2008；Das and Kumar，2011），本书通过引入“嫉妒”这一心理学变量，研究奖励的不同特征对观察者分销商关系承诺的内在作用机理，能够揭示观察者分销商产生不同合作行为背后的原因和动机，弥补有关奖励激励机制内在动因方面的研究的欠缺。

目前学界对嫉妒效用的认识，既有积极效用说，又有消极效用说。也就是说，嫉妒既有可能带来积极的影响，也有可能带来消极的影响。相应地，研究者可以把嫉妒分为善意嫉妒和恶意嫉妒，并从这两个维度来研究。善意嫉妒表明观察者分销商对获奖分销商的成就的欣赏，将注意力专注在如何提高自己以实现获得奖励的目标上（同化效应），从而提高其关系承诺水平（Lockwood and Kunda，1997）；而恶意嫉妒则表明观察者分销商对获奖分销商的成就的憎恨，专注在与获奖分销商之间无法跨越的差距上（反差效应），表现为对供应商和获奖分销商的敌意和“向下拉”的倾向，从而降低其关系承诺水平（Collins，1996；Mussweiler et al.，2004）。但是现有对嫉妒的研究成果，大部分是从恶意嫉妒角度来研究嫉妒情绪的产生和影响结果的（Schaubroeck and Lam，2004），研究善意嫉妒的文献少之又少（Miceli and Castelfranchi，2007；Van de Ven et al.，2009，2011）。因为两种嫉妒形式来源于观察者分销商不同的认知和评估，有可能同时存在（Buunk et al.，1990），并会产生不同的行为结果，所以我们有必要同时研究善意嫉妒和恶意嫉妒对奖励的不同特征与关系承诺的中介作用。

此外，尽管有关组织行为学的研究已经分析了不公平和嫉妒的关系（Cohen-Charash and Mueller，2007），但把公平和嫉妒分为不同维度，并对公平和嫉妒不同维度之间的关系进行研究的文献还比较缺乏。因此，本书探讨了善意嫉妒和恶意嫉妒两种嫉妒情绪反应，认为奖励大小、奖励分配公平性和奖励过程公平性会通过这两种不同的嫉妒情绪反应对观察者分销商的关系承诺产生不同的影响：当奖励力度比较大时，既会提高观察者分销商的善意嫉妒水平，也会提高其恶意嫉妒水平，但却因此使得观察者分销商的关系承诺水平变得具有不确定性；当奖励具有分配公平性时，能够通过降低观察者分销商的恶意嫉妒来提高其关系承诺水平；当奖励具有过程公平性时，能够通过增加观察者分销商的善意嫉妒来提高其关系承诺水平。总之，本研究的目的是更加全面地理解嫉妒情绪在奖励的不同特征和观察者分销商最终关系承诺水平之间所起的作用，并解释不同奖励安排引发观察者分销商不同关系承诺结果的内在作用机制。

4. 研究网络中心性这一网络结构变量的调节作用

本研究基于多边网络视角，引入观察者分销商的网络中心性这一社会网络的结构变量，探讨其对奖励的不同特征和不同嫉妒关系的调节作用，有助于丰富和深化有关奖励治理理论与策略的研究。当从多边网络视角来研究奖励的溢出观察者效应时，因涉及多边关系，故不得不考虑网络因素对奖励的作用机制的影响。一般认为，研究者可以从关系和结构两个方面来考虑网络因素（Granovetter，1985）。在分销网络中，某分销商与其他分销商的连接类似，即网络关系层面的因素相同（Rindfleisch and Moorman，2001），但它们在网络中所处的位置却不同，即网络结构层面的因素不同。分销商会因为其在网络中所处的不同位置而对奖励进行不同的评估进而产生不同的反应。因此，本书将研究社会网络的结构因素——观察者分销商的网络中心性——是否会影响奖励特征与嫉妒情绪间的关系，进而影响奖励对观察者分销商的激励作用。网络中心性是社会网络理论中的重要结构变量，代表了分销商在分销网络中的中心性地位状况(Brass，1995)。根据社会网络理论，具有不同网络中心性的企业会有不同的权力和控制力(Freeman et al.，1979)，而不同的权力和控制力能够影响观察者分销商对奖励的评估。因此，具有不同网络中心性的观察者分销商会对同一奖励安排产生不同的嫉妒情绪反应，即观察者分销商的网络中心性会影响奖励的作用机制的实施效果。以前有关奖励机制的文章大都是着眼于双边环境进行研究的，因而不需要考量分销商所处的网络结构环境。本研究引入社会网络中的网络中心性概念，研究其对奖励的溢出观察者效应的调节作用，更加符合实际，也可以从多边视角来完善奖励机制的研究框架。

二、现实意义

本研究成果对供应商恰当地实施奖励机制、提高观察者分销商的关系承诺水平具有重要的意义。

1. 为供应商管理分销商网络中众多的分销商提供指导

从多边网络视角来考虑奖励激励的作用机制，更符合供应商所面临的现实情况，能够帮助供应商有效地完善奖励机制。在现实市场中，大部分供应商拥有几十、几百甚至几千个分散在各处的分销商，这些分销商构成了一个分销网络。分销网络中的分销商并不一定总是获得奖励，但是其所观察到的奖励事件却多得多，因而大多数分销商都处于观察者分销商的地位。众多的观察者分销商构成了分销网络中的重要部分，广大的观察者分销商与获奖分销商共同决定了奖励实施的成败。如果供应商通过对个别分销商发放奖励，能够既激励获奖分销商，又激励分销网络中的其他分销商，那么可以节约成本，使奖励发挥最大的效果。如果奖励实施不当，就会对观察者分销商产生负面的影响，降低其合作意愿，同时这样负面的情绪还会在分销商之间进行传播，甚至引起分销商的联合抵制，破坏分销网络的健康环境，使奖励失效，无法达到激励分销网络中大部分分销商的目的。

另外，奖励对获奖分销商和观察者分销商的作用机制不相同，观察者分销商与获奖分销商在现实中的反应也不一样，因此需要专门研究奖励对观察者分销商的作用机制，以帮助供应商采取恰当的奖励措施，使奖励措施既能激发获奖分销商的合作行为，又能激发众多观察者分销商的合作行为，从而积极地影响更多的分销商建立起紧密的合作关系。

2. 为供应商认识和实施恰当的奖励措施提供借鉴

“奖励”这一激励措施在渠道中有广泛的应用，但效果并不总是很理想的。本书从奖励大小和奖励公平性两个方面来研究奖励对观察者分销商的有效程度，又在公平理论的基础上，把奖励公平性分为分配公平性和过程公平性两个维度。这样的研究视角和分类方法无疑为厘清奖励如何影响观察者分销商关系承诺提供了清晰的线索，使得渠道中的供应商对自己的奖励措施及其实施效果有一个正确的认识与理解，纠正实践中认知和行为上的偏差。研究结果将为供应商实施奖励提供更有价值的决策参考。也就是说，供应商在实施奖励策略时不应该只是关注对奖励大小的调整，还应该关注奖励分配公平性和奖励过程公平性，从而创新奖励策略的实施方式。另外，该研究成果还为设计、选择、优化奖励机制，增进分销商的善意嫉妒情绪，减少分销商恶意嫉妒情绪，进而提高各分销商对供应商的关系承诺水平，构建良性的有持续竞争优势的渠道网络生态环境，提供有可操作性的指导，从而促使奖励措施在渠道供应链中的有效应用。

3. 引入“嫉妒”概念能够加强对企业关系互动和治理的认识

本研究通过引入“嫉妒”这一心理变量，研究其对奖励作用机制的中介效应，能够使供应商管理者更深刻地理解奖励对观察者分销商产生激励作用的内在动因以及分销网络中供应商和分销商关系互动的内涵，从而指导其做出恰当的奖励安排。对嫉妒的中介效应的探究，能使得渠道上的企业加强对企业间心理因素的关注。不仅人与人之间会产生情感的交流，企业与企业之间也会产生各种情感的互动(Das and Kumar, 2011)。观察者分销商会因为观察到获奖分销商的获奖情况而产生嫉妒的情绪，进而影响其在与供应商关系中的积极性和合作行为。因此，企业与企业之间的交往应该是具有人格性的，供应商不该忽视正式的奖励措施对其他分销商心理和情绪的影响。另外，本书将嫉妒划分为恶意嫉妒和善意嫉妒来研究，学界的一些研究成果证明，嫉妒不一定都是负面的、消极的情绪（Thomson，1842；Miceli and Castelfranchi，2007），它也有正面的、积极的一面（Miceli and Castelfranchi，2007；Van de Ven et al.，2009，2011）。供应商关键是要通过对奖励大小和奖励公平性的调整来加强善意嫉妒、弱化恶意嫉妒，激励观察者分销商对供应商的合作和投入，使奖励发挥出最大的效用。因此，渠道中供应商应该客观面对嫉妒这一情绪，认识到它在分销网络中存在的广泛性，以及思考如何将其进行正面的引导，从而为构建和谐的渠道供应商—分销商关系服务。

4. 供应商应该更加关注中心分销商对奖励的反应

对网络中心性这一调节变量的研究能够使供应商更关注分销网络的结构因素影响。分销网络中众多的观察者分销商并不相同，因为它们在网络中分别处在不同的位置，拥有不同的权力和控制力，所以不同的观察者分销商对任何策略或治理机制具有不同的反应。特别是由于中心分销商在网络结构中处于特殊的地位，它对奖励的反应会与一般分销商的反应不同，因而对于实践中的供应商管理者来说，即将获得的有关调节效应的研究结果能够使供应商注意到分销商的不同，从而避免对所有分销商简单地采取等同视之的态度，并且指导供应商如何对不同的观察者分销商进行有针对性的控制和治理，进一步增强奖励措施的激励治理效果。

综上所述，本研究对分销渠道治理具有非常重要的理论与实践意义：一方面，可以对现有的研究进行补充，丰富现有的与奖励激励治理机制相关的理论；另一方面，可以为渠道中供应商对下游分销商实施有效的奖励措施提供借鉴。

第四节　研究流程与结构

一、研究流程

本书的研究流程如图 1－1 所示。首先，通过现实渠道背景发现奖励激

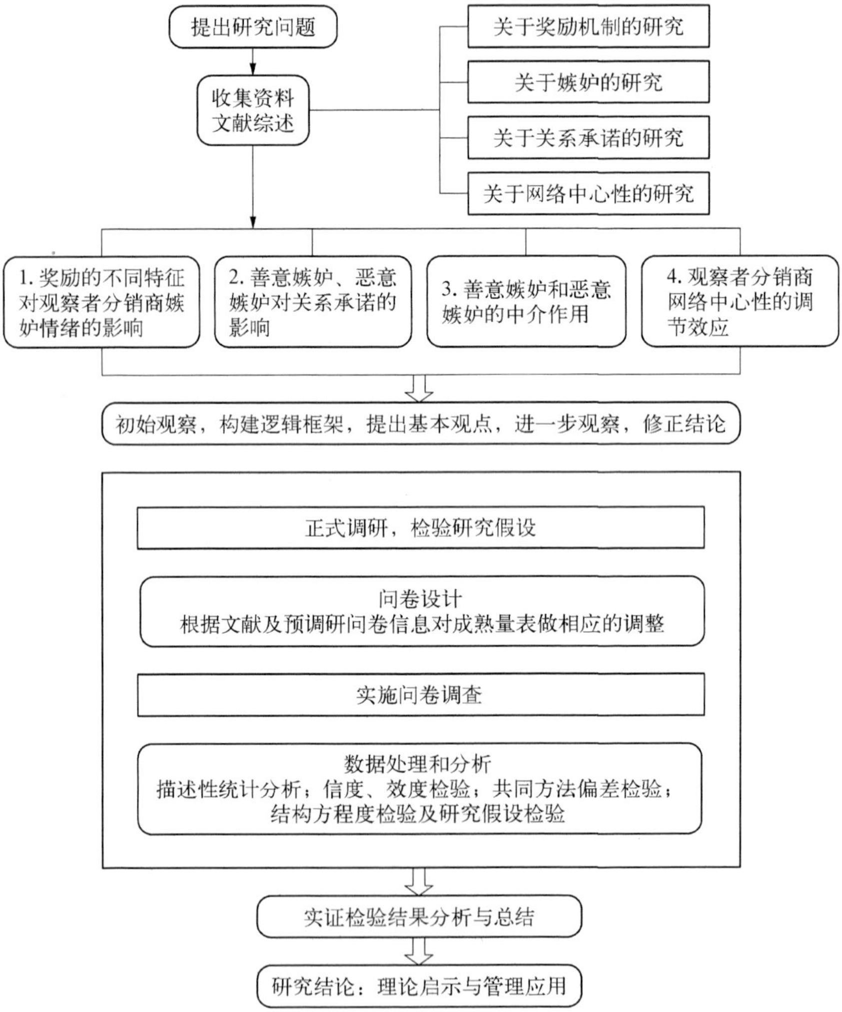

图 1－1　研究流程

励机制在实施中遇到的问题，然后结合现有文献和有关理论进行分析，梳理现有文献中有关奖励治理机制的研究，发现现有文献的不足，初步确定本书的研究内容，由此构建初始模型并提出相应的研究假设。其次，进行实证研究，经过理论分析之后，形成调查问卷并进行调查。利用 PLS 3.0 软件对样本数据进行分析，验证理论研究中提出的研究假设，确定多边网络视角下的奖励对观察者分销商的作用机制并修正初始模型。最后，得出研究结论，归纳理论启示和管理启示，对有关研究前景进行展望。

二、结构安排

第一章为《导论》。首先阐述研究背景，接着从本书的现实背景和理论背景出发，提出本书的研究问题：(1) 奖励是否具有溢出的观察者效应，即奖励是否会对观察者分销商合作关系产生影响？(2) 影响观察者分销商的奖励特征主要有哪些？奖励的不同特征(奖励大小、奖励分配公平性和奖励过程公平性)如何影响观察者分销商不同的关系承诺水平？(3) 奖励的观察者效应的潜在机制是什么？嫉妒情绪在奖励的观察者效应中是否起到了中介作用，即奖励的不同特征是否通过善意嫉妒、恶意嫉妒导致观察者分销商形成不同的关系承诺水平？(4) 社会网络的结构因素——网络中心性——是否会强化或弱化奖励对观察者分销商的治理效果，即观察者分销商网络中心性是否会调节"奖励—嫉妒"的关系，进而影响到奖励对观察者分销商的治理效果？最后分析本书的研究意义、研究流程和结构，总结本书的主要创新之处。

第二章为《文献综述》。该部分主要对与渠道激励治理机制、奖励机制、嫉妒、关系承诺、网络中心性等相关的文献进行回顾和梳理，重点是对以上几个概念及其分类、有关研究进行梳理与述评。首先，本章对渠道中常用的激励治理机制进行回顾，已有的研究大多关注的是双边关系，多边视角的研究才刚刚开始。奖励作为激励治理机制的一种具体表现形式较少得到单独研究，而供应商实施奖励策略，既希望激励获奖分销商，也希望激励其他分销商，因而我们有必要从多边视角来研究奖励的观察者效应。其次，本章对多边视角下的有关奖励特征进行梳理和回顾。根据社会比较理论，奖励的不同特征通过嫉妒情绪对分销商关系承诺水平产生影响。再次，本章对嫉妒和关系承诺的定义及相关研究进行了论述。最后，本章对有关调节变量即网络中心性的概念进行分析和描述。

第三章为《理论模型和研究假设》。本章首先介绍社会比较理论、社会网络理论。社会比较理论解释了在多边视角下奖励的作用原理，即奖励会引发分销商之间的社会比较，而社会比较与情绪反应高度相关，因此奖励的不同特征可以通过引起观察者分销商不同的嫉妒情绪反应来影响其关系承诺。社会网络理论解释了社会网络因素的作用原理，从而为研究网络中心性的调节作用奠定了基础。其次，本章根据上述理论和现有文献构建了奖励大小、奖励公平性、嫉妒、观察者分销商关系承诺与网络中心性之间的因果关系，提出了理论模型。再次，本章按照各变量间的关系提出研究假设，即奖励的不同特征所引发的社会比较会通过善意嫉妒和恶意嫉妒形成不同的承诺水平，观察者分销商网络中心性在其中起调节作用。具体而言，本研究提出的假设包括奖励大小会通过增大善意嫉妒来提高观察者分销商的关系承诺水平，奖励大小也有可能通过增大恶意嫉妒来降低观察者分销商的关系承诺水平；奖励分配公平性通过减少恶意嫉妒来提高观察者分销商的关系承诺水平，而奖励过程公平性通过增加善意嫉妒来提高观察者分销商的关系承诺水平。另外，网络中心性会抑制奖励大小对善意嫉妒和恶意嫉妒的作用，促进奖励分配公平性和奖励过程公平性对不同嫉妒情绪的影响。最后，本章对所有假设进行汇总。

第四章为《研究设计与方法》。首先，本章介绍研究设计和数据收集情况，包括研究对象的选定及样本选择、面对面访谈方法的介绍和问卷的发放和回收等。其次，本章说明问卷设计与变量测量情况。本研究采取格宾和安德森(Gerbing and Anderson, 1988)推荐的四个步骤来进行问卷设计，并通过初测试而确定了量表。最后，在前人研究成果的基础上，结合本研究实际情况和预测试结果，本章对有关变量的操作性定义和最终测量量表进行汇总。

第五章为《理论模型的实证检验》。本章的主要内容包括：(1) 解释本研究采用的结构方程模型(SEM)方法；(2) 介绍本书对中介效应的检测方法；(3) 对调查得来的数据进行基本特征分析；(4) 对数据进行信度、效度检验，排除共同方法偏差；(5) 对假设进行验证分析，检验奖励的不同特征对观察者分销商关系承诺的影响机制、嫉妒的中介效应和观察者分销商网络中心性的调节效应等。

第六章为《研究结论、研究启示和研究局限》。本章总结并梳理研究结论，大部分研究假设得到了验证，即奖励大小可以通过增加善意嫉妒对观察者分销商关系承诺产生正面影响，奖励分配公平性可以通过减少恶意嫉妒对观察者分销商关系承诺产生正面影响，而奖励过程公平性可以通过增加善意嫉妒对观察者分销商关系承诺产生正面影响，同时网络中心性对"奖励—嫉妒"的调节作用也得到了验证。在此基础上，本章归纳本研究的理论启示和管理启示，客观评价本研究的局限性，并指出未来的研究方向。

第五节 主要创新

本书通过研究奖励的观察者效应，把对奖励激励机制的研究从双边视角拓展到了多边视角。在研究奖励大小、奖励分配公平性和奖励过程公平性对观察者分销商关系承诺水平的影响的同时，本书增加了研究奖励有效性时所考虑到的奖励的不同特征。对嫉妒情绪变量的引入，解释了多边网络视角下奖励对观察者分销商的作用机制。而对网络中心性这一网络结构因素的引入，则进一步完善了从多边网络视角研究奖励作用机制的理论模型。具体而言，本研究的理论创新点主要体现在以下四个方面：

首先，本研究以多边视角研究了奖励的不同特征对观察者分销商的溢出影响作用。以往的研究主要是从双边视角关注奖励对获奖分销商的影响,而假设分销网络中的其他分销商不会受到影响(e. g., Antia et al., 2006; Kashyap et al., 2012)。本研究在已有研究的基础上,将双边视角拓展为多边视角,研究供应商的奖励安排对分销网络中观察者分销商的影响。在分销网络中,处于观察者角度的分销商占据大多数,它们对奖励措施的反应能够对分销网络产生更大的影响,并最终决定奖励措施实施的成败。因此,本研究所采用的多边视角不仅更符合供应商所面对的现实环境,而且有助于供应商更好地利用奖励策略去激励分销网络中的所有分销商。

其次,本研究分析和检验了奖励大小、奖励分配公平性、奖励过程公平性对观察者分销商情绪与行为的影响。在传统的双边视角中,人们普遍认为,奖励的数额越大,激励效果越好(Klein and Leffler, 1981),而较少研究奖励公平性的激励效果。在多边网络视角中,除了关注奖励大小外,奖励公平性——分配公平性和过程公平性——也能够起到激励渠道分销商的作用。与双边环境中的奖励所带来的经济激励机制不同的是,在多边环境中,奖励大小、奖励分配公平性和奖励过程公平性是通过社会比较来激励观察者分销商的。因此,为了使奖励发挥最大的效应,激励更多的分销商,供应商除了加大奖励力度外,还可以提高奖励分配公平性和奖励过程公平性程度,进而激发分销商们采取合作行为。

再次,本研究基于社会比较理论,以"奖励—嫉妒—承诺"研究框架为逻辑主线,通过引入变量"嫉妒"解释了奖励的观察者效应的作用机制。奖励引发向上的社会比较,会带来观察者分销商的嫉妒情绪,进而影响其关系承诺水平。在营销方面,以前有关嫉妒的研究大多认为,员工会相互比较各自的薪酬待遇进而产生嫉妒的情绪。本研究将嫉妒情绪引入企业间关系的研究,认为分销商之间也会因为供应商的奖励事件而进行社会比较,从而产生不同的嫉妒情绪。嫉妒具有善意嫉妒和恶意嫉妒两种形式,以往有关嫉妒的研究大部分是从恶意嫉妒的角度来进行的(Schaubroeck and Lam, 2004)。本研究解释了奖励引发的社会比较所形成的不同嫉妒情绪是观察者分销商不同的合作行为的内在原因。

最后,本研究关注社会网络的结构因素对“奖励—嫉妒”的调节作用。以往有关奖励的研究均是针对供应商—分销商的双边关系进行的,不会考虑网络因素的影响,本书则研究社会网络的结构因素——分销商网络中心性——对奖励观察者分销商影响效果的调节作用。具有较高网络中心性的观察者分销商对信息和资源有更强的控制力(Freeman, 1979),其对奖励大小带来的差距感知不明显,而对奖励公平性的感知更强。因此,网络中心性会抑制奖励大小对恶意嫉妒的促进作用,增强分配公平对恶意嫉妒的抑制作用和过程公平对善意嫉妒的促进作用。总之,本研究引入社会网络中的网络中心性概念,完善了多边视角下奖励的溢出观察者效应的理论框架。

第六节 本 章 小 结

本章为本书的导论部分,主要交代了如下问题:首先,本章介绍了本研究的现实背景和理论背景。基于实践中奖励实施过程中存在的问题,本章说明了研究奖励对观察者分销商影响的重要性和必要性。目前尚无关于奖励的溢出作用的完整文献研究,这里提出了本书的具体研究问题。其次,本章解释了奖励的溢出观察者效应研究的理论意义和现实意义。再次,本章概要说明了本研究的流程和结构以及本书的主要内容及章节安排。最后,本章对本研究的主要创新之处进行了说明。

第二章 文献综述

第一节 关于奖励机制的研究

一、双边视角下的激励治理机制研究

现有的关于渠道中激励机制的研究大都是从双边视角进行的，即假设供应商通过把分销商的行为和结果与一些经济利益相联系来达到激发分销商采取合作行为的目的（Anderson and Oliver，1987）。奖励是激励措施的一种，激励在双边关系中的作用机制可以用来解释供应商奖励对获奖分销商的激励作用。了解奖励在双边关系中的作用机制，可为基于多边视角探讨奖励溢出效应奠定基础，因此本研究首先对双边视角下的渠道激励治理机制进行理论回顾。

双边视角下的理论主要包括代理理论（Agency Theory）和交易成本理论（Transaction Cost Economic），这些理论较好地解释了激励的作用机制（e. g.，Anderson and Weitz，1992）。代理理论认为，由于分销商和供应商

有不同的风险偏好，当信息不对称时，分销商会将自己的利益置于供应商之上，因此供应商需要通过一定的经济刺激来驱动分销商，从而使双边利益趋于一致，促进合作并减少代理问题。交易成本理论则认为，分销商具有机会主义倾向，供应商对激励机制做出合理安排，可使合作带来的长期利益高于机会主义行为带来的短期报偿，从而促使分销商和供应商的目标与利益趋于一致，减少不确定性所带来的一系列问题，进而控制渠道机会主义行为的发生。下面，本研究将从代理理论和交易成本理论两个方面来具体回顾与论述双边视角下的渠道激励治理机制，并进一步解释奖励在双边关系中的作用机制。

1. 代理理论与激励机制设计

根据代理理论，良好的激励机制可以帮助供应商达到控制分销商行为的目的。代理理论涉及委托—代理关系，其中委托方把工作交给代理方，依赖代理方来完成工作，但委托方并不能完全掌握代理方的信息，也不能完全监控代理方的行为。当合作双方拥有不同的动机和目标时，代理问题就会产生，即委托方不知道代理方是否会按照委托方希望的方式行事。

当供应商和分销商出现利益冲突或者信息不对称时，代理理论认为分销商具有机会主义行为导向，会把自己的利益置于供应商的利益之上，从而做出不利于双方共同利益的非合作行为。为解决这种代理问题，供应商常常使用基于行为的合同激励（如工资和层级制等）或者基于结果的合同激励（如佣金、股票期权、产权转移和市场制等）来激励分销商采取合作行为。具体采取哪种激励机制取决于供应商所掌握的信息。代理理论认为，交易中交易的一方总比另一方拥有更多的信息，容易出现信息不对称现象（Mishra et al.，1998）。供应商对分销商信息的掌握程度有两种极端的情况：一种是完美的市场交易，供应商能够充分掌握分销商的所有信息。此时供应商倾向于针对分销商的行为设计出具体的激励措施，因此基于行为的合同激励更为有效。另一种情况是，分销商完全按照自己的意志行事，完全不受供应商的监控，双方之间的信息不共享。此时基于结果的合同激励更为有效。这两种极端的状态是理想状态，极少出现，一般供应商和分销商间的信息不对称程度处于这两种极端情况之间。因此,供应商在通过合同激励来减少与分销商之间的代理问题时,经常同时使用基于行为的激励和基于结果的激励两种方法,以便更好地减少分销商的机会主义行为,维持双边合作关系。当供应商使用基于行为的激励方式时,供应商会通过投资监控系统来监控分销商的行为,并且按照其所获行为信息给予分销商相应的经济激励。而当供应商使用基于结果的激励方式时,供应商会根据分销商的行为结果来订立合同,给予相应的经济激励(例如基于销售量的奖励等)。

不管是基于行为的合同还是基于结果的合同,其激励方式都不是十全十美的,都有其优势和劣势。基于行为的合同激励需要监控系统的配合,而监控系统一般需要花费大量的成本来建立和维护,而且并不一定完全能够解决供应商和分销商信息不对称的问题。从这个角度来看,基于结果的合同激励方式似乎更有吸引力。但是基于结果的合同激励会把风险转移到分销商的头上,因为分销商业绩的一部分取决于分销商行为,另一部分取决于环境因素,例如政府政策、经济环境和竞争者行为等,这些环境因素也能够导致结果的不同。由于环境具有不确定性,因而结果也是不确定的。如果供应商只是依靠基于结果的合同来对分销商进行激励,就相当于把风险转嫁给分销商了。另外,基于结果的合同要想有效地发挥作用,使供应商和分销商的目标与利益一致,就需要满足个体理性要求和激励匹配性要求(Hurwicz, 1972)。个体理性要求是指合同给出的激励能足够吸引分销商,使其愿意去做这个项目。激励匹配性要求是指在合同中,能够给分销商带来最高报酬的行为对供应商而言也是最合情合理的行为。只有同时满足这两个要求时,分销商才愿意承担结果具有不确定性的风险,才愿意通过努力来达到合同要求并获得经济好处。因此,供应商在对分销商运用基于行为的激励方式时,需要增加对成本的考虑。为了达到最好的效果,供应商应该同时运用基于结果的激励方式,使双方的目标和利益达成一致。

综上所述,在分销渠道中,供应商作为委托方需要依赖众多分销商(代理方)来行使各项职能,包括使用本地广告、提供货架空间和购货点促销活动、有效执行价格策略等。为了控制分销商的行为，供应商需要采取一些激励措施来使双方利益趋于一致，从而减少信息不对称导致的一系列问题(Moorthy, 1987)。激励机制设计既包括使用基于行为的激励合同，又包括使用基于结果的激励合同。在使用基于行为的激励合同时，由于存在监控成本高和信息不对称等问题，供应商最好配合使用基于结果的激励合同。同时，为减少分销商所感知到的风险，供应商可以加大激励力度，增加激励的匹配性，从而使激励合同达到最大激励效果。

根据代理理论对激励机制的解释，当供应商在对分销商实施奖励时，也会从行为和结果两个方面对优秀分销商进行奖励。例如，供应商对分销商所设的专项经营奖就是基于分销商行为的奖励激励；而当供应商将分销商的销量和顾客满意度等因素作为奖励考核指标时，就是基于结果的奖励激励。基于行为的奖励激励需要供应商加强监控以配合对奖励的评估和发放；而基于结果的奖励激励因为涉及环境不确定性因素，需要增加奖励设计的合理性和吸引力，例如通过增加奖励金额来减少分销商感知到的风险等。总之，不管是基于行为的激励，还是基于结果的激励，目的都是使供应商和获奖分销商的利益达成一致，提升获奖分销商的关系承诺水平。

2. 交易成本理论与激励机制设计

我们也可以从交易成本理论这个角度来理解双边视角下供应商实施的激励治理机制的作用原理。交易成本理论的核心概念是交易成本，即企业如何通过治理关系来减少由难以评估交易产品和服务的价值而带来的交易成本，如何控制治理结构的计划、适应和监控成本等(Williamson, 1975, 1985)。交易成本理论认为，可以通过不同的治理结构或安排来解决交易中出现的机会主义问题，提高交易合作效率。例如，在原初的交易成本框架中，运用组织层级制中对内部机构或下属部门的激励措施可以减少机会主义行为(e. g. , Williamson, 1975)。其背后的机理在于，只要内部机构从组织中获得的奖励大于从事机会主义行为带来的利益，就可促使该内部机构从事合作性行为。但是纵向整合的成本较高，不是所有企业都能做到纵向整合，大部分企业仍然是独立的个体，并不那么容易实现纵向一体化。而交易成本理论中有关自我执行协议的研究（e. g. ，Telser，1980）则指出，激励机制同样可以被应用于独立的企业关系间。该协议的基本前提假设是，构建某种激励的治理结构可使合作带来的长期利益高于机会主义行为带来的短期报酬，从而使交易双方的利益达成一致。如果能够恰当地做出这种协议安排，就能在事前减少机会主义行为发生的可能性，更好地促进双边合作。

关于交易成本理论中的自我执行协议研究表明，激励措施可以有两种表现形式（Wathne and Heide，2000）。一种是专用性投资或称质押，这是很难被运用到其他关系中的一种资产。例如，供应商有时会要求分销商在一些特殊的设备、程序方面进行投资，这样的专用性投资能够激励分销商保持较高的绩效水平（Mariotti and Cainarca，1986）。分销商进行专用性投资后，很难终止与该供应商的关系而转向其他供应商。马丽奥蒂和凯纳卡（Mariotti and Cainarca，1986）曾说："如果供应关系提前被终止，所做出的专用性投资就会失去其价值。"因此，分销商做出的专用性投资能够将其锁定在与某供应商的关系中，从而激励分销商做出支持关系继续发展的合作性行为。另一种是价格或利润溢价（Wathne and Heide，2000）。例如，供应商会给分销商价格溢价或利润溢价，使其遵守区域限制的规定（Dutta et al. ，1994）。价格溢价是指超过某种质量水平的边际成本或完全竞争市场中的价格水平（Klein and Leffler，1981）。供应商为分销商的分销服务提供价格溢价，双方之间达成的是一种自我执行协议，分销商必须维持与供应商的关系，只有按照合同规定分销产品，才能在未来获得这样一笔价格溢价。这样的合同安排能够激励分销商采取合作行为并抑制机会主义行为，因为合作行为能够确保其在未来获得价格溢价，而机会主义行为则会导致关系终止，使其损失预期收益。当然，要求另一方进行专项投资需要一定的议价能力，而给出价格溢价或利润溢价则不需要事前的议价能力，但会给企业带来财务负担。此外，激励机制的有效实施还需要有充足的信息，因此设计减少信息不对称性的监控机制可以配合激励机制一起来使用。

本书研究的奖励与交易成本理论中提到的专用性投资、价格溢价或利润溢价这两种激励方法不同。专用性投资是分销商对关系做出的投入，进而将其锁定在与供应商的合作关系中，激励其基于双方共同的利益而采取合作性行为。价格溢价或利润溢价是供应商在分销合同中的一种规定，只要按照合同规定分销产品，就可获得这笔价格溢价。奖励是供应商对优秀分销商采取的激励措施，只有在供应商规定的指标上表现优秀的分销商才有可能获得。根据交易成本理论，在双边关系中奖励激励机制设计能够促使获奖分销商做出合作行为。

因此，双边视角下的代理理论和交易成本理论都假设个体（企业）具有自利倾向，这些个体（企业）会根据成本损益分析做出行为决定，因此"向前拉"的激励机制是有效的。激励机制能够使供应商和分销商的利益与目标达成一致，使供应商获益的事情也能使分销商获益，从而促进分销商采取合作行为。激励机制还能在一定程度上减少信息不对称、信息不充分带来的评估问题和适应问题，帮助供应商控制分销商的行为。

二、多边视角下的激励治理机制研究

供应商对分销商实施的奖励措施，不仅能够激励优秀的分销商，还能对分销网络中的其他分销商具有示范和激励作用。双边视角下的激励机制只能解释双边关系中奖励对获奖分销商的激励作用，不能解释多边关系中奖励对其他分销商的激励作用。虽然现有研究大多从双边视角研究了供应商的激励机制对某一焦点分销商合作行为的影响（e. g. ，Anderson and Weitz，1992），但渠道治理研究中已经开始出现以多边视角研究激励机制的论文。由于本研究是基于多边视角对奖励激励机制进行探讨，因此下面将对现有多边视角下研究激励机制的有关成果进行梳理。

基于多边视角的研究近年来开始受到重视，学者们普遍认为，供应商对某一分销商的激励措施不仅会影响该焦点供应商与分销商的关系，还会影响与之相关的其他交易活动(Palmatier et al.，2007；Palmatier et al.，2007)，因而学者们逐渐开始从多边视角研究激励机制的有效性(e. g.，Wathene and Heide，2004；McFarland et al.，2008)。

瓦斯内和海德(Wathne and Heide，2004)提出，制造商对下游分销商不确定性的调整能力和适应能力取决于其对上游供应商的关系治理，只有上游供应商愿意配合与调整，制造商才能有效地对下游的不确定性进行适应和调整。因此，制造商可以对供应商采取激励策略，驱使供应商配合自己，从而优化制造商对下游分销商的绩效表现。麦克法兰等(McFarland et al.，2008)也提出，供应商对分销商采取的激励措施会被分销商无意识地模仿并用来对待下游顾客，这样供应商对分销商的激励措施不仅会影响供应商与分销商的双边关系，还会影响与之相联系的分销商同下游顾客的关系，进而影响整个渠道的效率。

与双边视角研究相比，多边视角下的有关研究才刚刚开始，并且仅有的几项研究也只是从上游供应商—制造商—下游分销商这一纵向网络角度出发，研究激励机制对与焦点关系毗邻的上游或下游关系的影响。通过梳理已有的研究可知，激励机制在纵向网络上有溢出效应，即渠道商在双边焦点关系中采取的激励措施能够影响其与上游或下游渠道商的合作情况，原因在于纵向网络关系具有相互依存的特性。例如，制造商对下游分销商的配合不仅取决于自身的能力，还取决于制造商与供应商关系的好坏。因此，制造商对上游供应商的激励机制设计仍然直接作用于供应商，只是其对上游供应商的激励结果不仅有利于该焦点双边关系，还有利于与其毗邻的下游双边关系的发展，进而影响整个纵向供应链的效率。

本书所探讨的奖励的溢出观察者效应是体现在横向分销商网络中的，横向分销网络中的奖励不直接作用于观察者分销商，而且横向网络关系与纵向网络关系是不一样的。例如，纵向网络中供应商与分销商的关系是相互依存的，横向网络中供应商与每一家分销商的关系都相对独立，供应商与某一家分销商关系的好坏，并不取决于该供应商与其他分销商关系的好坏。

因此,利用纵向网络中的激励作用机制无法解释横向网络中奖励对其他分销商的示范和激励作用,本研究需要从其他理论角度解释横向网络中奖励的溢出观察者效应。基于这一现状,本研究将拓展前人在多边视角下对渠道激励治理机制的有关研究,探讨激励机制的另一种具体表现——奖励在横向分销网络中的溢出效应。

三、与奖励治理机制相关的研究

奖励是激励机制的一种外在表现形式,表现为供应商根据分销商的行为和结果对优秀分销商进行嘉奖,这种奖励措施有利于激励分销商与供应商加强合作。从研究现状来看,现有研究较少对奖励这一具体激励形式进行单独探讨。奖励也是一种激励机制,但它与佣金、价格溢价等激励机制不同,只有分销商在被证明为优秀的情况下才可能获得。一般的分销商只需要遵守合同的基本要求,与供应商保持合作关系,就能获得激励合同规定的佣金和价格溢价,而只有当分销商在某些方面表现优秀时才能获得供应商的奖励。在分销商网络中,既有获得奖励的分销商,也有未获得奖励的分销商,但现有激励机制的研究结果只能解释奖励对获奖分销商的影响,不能解释奖励对观察者分销商的影响。因此,这里有必要专门探讨奖励对观察者分销商的作用机制。

在现实中,供应商可能对在绩效、销售额、服务质量、销售创新和顾客满意度等方面表现优秀的分销商进行奖励。供应商对分销商的奖励多种多样,既包括直接奖励,如折扣、返现等,也包括间接奖励,如销售支持等(Gilliland, 2003);既包括以分销商结果为衡量标准的奖励,也包括以分销商行为或能力为衡量标准的奖励(Challagalla and Shervani, 1996, 1997);还可被细分为金钱上的奖励和非金钱奖励等(Gundlach and Cadotte, 1994)。此外,海德(1994)还按照事件把奖励分成即时奖励、短期奖励和无限期奖励。

从现有的文献来看,大部分研究主要是从奖励大小的角度来研究奖励在双边关系中的激励作用。但在多边关系下，分销商不仅对奖励大小有直观感受，还可能通过比较对奖励公平性产生主观感受，因此在多边视角下，奖励大小和奖励公平性都会对分销商产生影响。虽然现有的与奖励相关的研究成果很少从奖励公平性这一特征来研究奖励的激励治理效果，但是公平理论中有大量关于员工薪资公平性影响组织绩效的研究，这些成果可以作为本研究探讨分销网络中奖励公平性作用机制的理论参考。本章首先对在双边视角下与奖励大小相关的研究进行梳理，然后基于公平理论回顾现有文献对两类公平（分配公平和过程公平）进行的探讨，进而为多边视角下研究奖励大小和奖励公平性对分销商激励结果的影响奠定理论基础。

1. 关于奖励大小的影响的研究

奖励大小是指分销商察觉到的供应商给出的补偿的金额大小。根据代理理论，分销商往往会事先考虑遵循激励措施的行为是否能够获得足够的经济回报，这被称作对激励措施效用的评估（Gilliland and Kim，2014）。分销商会理性地考虑奖励激励所能带来的财务绩效能否达到其财务预期的底线。这种理性的考虑专注在奖励激励所能带来的经济效益即奖励大小上。一般认为，如果供应商对某分销商的奖励超出市场的标准越高，即奖励力度越大，越能减少分销商感受到的风险和对未来收入的不确定性，并能促使其与供应商结成利益共同体，努力按照合同采取行动。因此，学者们普遍认为，供应商给予分销商的奖励大小正向影响激励效果（Klein and Leffler，1981）。

尽管大部分研究成果都支持这个逻辑，但是研究者们发现双边关系中的奖励并不总是有效的。一些学者发现，面对供应商奖励金额的增加，分销商并不总是积极回应。另一些研究者指出，金钱奖励有时没有刺激作用（Ryan and Deci，2000），或者是由于奖励了错误的行为而导致功能失常（Baker，2002），或者是由于无效的控制机制抵消了奖励的激励作用（Akerlof and Kranton，2005），或者是由于金钱奖励诱发了消极怠工而不是积极配合（Gibbons，1998）。本研究认为，奖励大小的改变没有取得预期效果，除上述原因外，还可能因为现有研究都是从双边视角来探讨奖励大小的影响。实际上，奖励大小不仅对获奖分销商有直接的激励作用，还会对观察者分销商的情绪和行为产生影响。如果观察者分销商对奖励的反应不良，就会影响奖励对获奖分销商乃至整个分销网络的激励作用。例如，在多边环境中，当供应商一味地加大对获奖分销商的奖励力度时，可能会引发其他分销商质疑奖励发放的公平性，进而引发其他分销商的嫉妒和敌意，降低其对合作关系的满意度，减少持续投入。而获奖分销商为了保持与其他分销商的良好关系，也可能故意降低自己的绩效表现，从而使奖励策略失效。从这个角度来看，基于多边网络视角进行研究，可以更加全面和准确地分析奖励大小对分销商的激励作用，这也是本研究运用这一视角的主要依据。

2. 关于奖励公平性的影响的研究

公平被视为组织中最核心的价值之一。亚当斯（Adams，1965）在公平理论中最早提出了公平性的概念。亚当斯所讲的公平性主要是指分配结果的公平性，是一个单维度变量（如员工观察到的工资分配和升职决定的公平性）。由于这一公平性与结果和资源的分配相关，所以学者又称它为分配公平性（Adams，1965；Luo，2007）。后来，学者们逐渐认识到结果分配过程的重要性，到了20世纪70年代中期对公平性的研究开始转向对过程公平即决定结果分配的过程的公平性的研究（Lind and Tyler，1988）。之后，有关人际对待的交互公平研究开始出现，交互公平又可以被进一步分为人际公平和信息公平。由于交互公平主要是指在管理过程中上级对员工的方式和态度的公平性，是过程公平概念的延伸（Luo，2007），而且奖励的发放也可以从结果和过程两个方面来衡量（Challagalla and Shervani，1996），因此本书从分配公平和过程公平两个维度来衡量奖励的公平性，研究其对观察者分销商的激励作用。下面，笔者对这两类公平进行具体的文献梳理。

1）分配公平

分配公平是指在社会交换中接收方所获得的资源的公平性（Brashear et al.，2004）。组织在给员工分配资源时，往往遵循公平、平等和需要的分配原则。公平原则是指组织根据个人付出的多少来给其相应的利益分配(Adams, 1963, 1965);平等原则是指不管个人投入多少,组织都给接收方同等的利益分配(Beugre, 1998);需要原则是指组织根据接收方的需要来决定利益的分配(Beugre, 1998)。具有不同需要和处于不同环境中的个体,会根据不同的原则来评判分配结果的公平性。分销网络中分销商之间的关系是市场竞争性的关系。按照市场经济的原则,谁付出最多,谁获得的就应该最多,获得与付出应成正比。因此,对分销网络中的分销商来说,供应商严格按照公平原则对结果进行分配,使分销商感受到的公平性最高,即供应商越是按照分销商的付出情况来实施奖励,分销商所感受到的分配公平性就越高(Luo, 2007)。要了解分销商的投入和产出是否成比例没有绝对的标准,分销商只有将自己的投入产出比与其他分销商的投入产出比进行比较,才能得出供应商的分配是否公平的结论(Adams, 1965)。本书所讲的分配公平性是指观察者分销商将其投入产出比与获奖分销商的投入产出比进行比较后所获得的公平性感知。产出是指分销商获得的奖励大小,而投入是指分销商为分销供应商的产品所投入的资源(资本、技术、品牌、机械,分销渠道),对合作关系进行的持续投入,以及为合作关系所承担的风险和责任等(Luo, 2007)。投入具体表现为分销商帮助供应商销售产品的程度、参与和协助供应商促销活动的程度以及支持供应商开展顾客服务的程度等。

分配公平最初可回溯到社会交换理论中对公平性的研究(Adams, 1965; Blau, 1964)。社会交换理论认为,关系是以有形资源或无形资源的互惠交换为特征的(Blau, 1964)。当关系中的个体遵循双向互惠原则进行资源交换时就被视为公平,而当违背了这种互惠原则时就被视为不公平。在一个组织中,公平的资源分配代表组织遵循了互惠原则,因此员工会提高自己的绩效水平来回应组织的公平的资源分配。而当员工所获得的资源低于其所应该获得的资源时(如过少的报酬)就违反了互惠原则,员工可能通过从事伤害组织的行为来进行回应以重获公平(Cohen-Charash and Mueller, 2007)。研究发现,社会行为中有一条很重要的信条,即认为小组成员在交易中所获得的报偿应该与其付出成正比(Adams, 1965)。如果员工感受到分配不公平,即认为付出和回报不对等,就会调整自己的投入水平或绩效水平,以平衡或报复不平等的分配现状(Adams, 1965)。这种对于自己的投入水平或绩效水平的调整就表现为工作场所中的反生产性行为。

另有研究指出,组织内分配不公平所形成的员工的不同情绪反应是导致员工采取反生产性行为的主要原因(McClurg and Butler, 2006),于是很多研究开始探讨分配不公平与员工不同情绪的关系。根据公平理论,个体在获得不公平的分配结果时会感受到痛苦和不满足,这种痛苦和不满足的感受又主要表现为嫉妒、憎恨、愤怒、焦虑、失望、悲伤等负面情绪(Montada, 1994;Paterson and Cary, 2002; Bembenek et al., 2007)。值得注意的是,有关社会比较理论的研究指出,当较低的分配公平引发个体与他人的社会比较时,该个体就会产生嫉妒的情绪(Cohen-Charash and Mueller, 2007)。由于个体对分配公平性的认知来源于社会比较,因而分配不公平常常会引发嫉妒情绪,进而引起个体实施反生产性的行为(Lieblich, 1971; Schaubroeck and Lam, 2004)。

从已有研究可知,分配公平性是指个体所感知到的付出与回报成比例的程度。现有对组织内分配公平性的研究认为,分配不公平会导致员工的反生产性报复行为。分配不公平所产生的各种负面情绪则可以解释员工何以会做出反生产性报复行为。需要指出的是,当分配不公平引发个体与他人进行比较时,该个体会产生嫉妒情绪,进而发生相应的非合作行为。但是现有研究较少涉及奖励分配公平性对分销商行为的影响。在分销网络中,奖励分配公平性也涉及社会比较,因此本书将探讨奖励分配公平性是否也会通过引发观察者分销商的嫉妒情绪来影响其关系承诺水平。

2) 过程公平

人们常用一些规范原则衡量过程公平。例如,利文撒尔(Leventhal, 1980)认为,判断过程公平的六项原则包括一致性(过程对不同对象、在不同时间里应用的一致性)、无偏性(没有偏见)、信息准确性(确认收集到的和被运用到营销决策中的信息都是准确的)、可纠正性(能够有一些机制来修改错误或者不准确的信息)、代表性(决策影响到的不同小组的意见都被考虑在内)和伦理性(符合个人的或普世的道德标准)。格林伯格(Greenberg, 1986)则指出,决定企业内绩效评估的过程公平性的因素包括:(1) 在评估之前了解的员工工作投入情况,并以此为基础进行绩效评估;(2) 在评估采访时双向交流的有效性;(3) 反驳或挑战评估结果的机会;(4) 评估者对受评者工作的熟悉程度;(5) 评估标准的一致应用。此外,弗赖伊等(Fry and Cheney, 1981)还指出,一致性是决定过程公平的最重要的因素。基于上述研究结果,本书将奖励过程公平性界定为观察者分销商观察到的奖励分配在决策制定过程中的公平性(Luo, 2007)。供应商对奖励分配的过程公平性高,就表现为供应商毫无偏见地对待所有分销商,增加与分销商的信息交流,以随时了解分销商的需求和态度,让分销商参与到奖励过程的控制中来,增加奖励分配过程的信息披露,对分销商的工作有较高的熟悉度(如该供应商非常了解该分销商的业绩信息)。

在早期关于公平性的理论研究中,公平性是指分配公平或结果公平,这种研究倾向一直持续到 20 世纪 80 年代后期。但实际上,企业员工更关心的经常是过程公平而不是结果公平。比如,他们更关心分配是怎么做出的,而不是只关心最后他们得到了什么。这种观点似乎是与直觉相反的,但是对过程的判定是决定员工态度和行为的重要因素(Lind and Tyler, 1988)。林德和泰勒(Lind and Tyler, 1988)用两个模型解释了过程公平的效果,这两个模型是自我利益模型(Lind and Tyler, 1988)和小组价值模型(Tyler, 1989; Tyler and Lind, 1992)。根据自我利益模型,过程公平之所以重要,是因为过程公平性使个体能够获得最大的个人所得。而小组价值模型之所以认为过程公平重要,是因为它能够为个体提供小组成员的整体信息,从而根据信息对行为进行调整,做出符合小组利益的行为。这两个模型显示,过程公平有助于自我利益和小组利益的同时实现,从而使个体对组织表现出更高的承诺水平。

同时，大量研究联系公平性与个体体验到的情绪进行探讨（e. g.，Mikula，1986，1987；Bies and Tripp，2001），但是这些研究很少把过程公平性分离出来，单独探讨过程公平性与情绪的关系（Krehbiel and Cropanzano，2000），虽然也有极少数学者提到过程公平性会使个体产生不同的情绪。例如，本贝内克等（Bembenek et al.，2007）指出，与分配不公平相比，个体更加不能忍受的是过程不公平，过程不公平会引发个体更为负面的情绪。克雷比尔和克罗佩扎诺（Krehbiel and Cropanzano，2000）则认为，过程公平对不同情绪的影响取决于结果是否有利：当结果有利时，过程不公平会导致焦虑和愧疚情绪；当结果不利时，过程不公平会导致愤怒和沮丧情绪。他们还提出，过程公平会弥补分配不公带来的负面情绪和感受（Krehbiel and Cropanzano，2000）。

因此，过程公平性会引发个体做出有利于自身和小组的行为，比如提高其对组织的承诺水平等；而过程不公平则既有可能产生一些负面的情绪，也有可能产生一些正面的情绪。但是，迄今尚未发现有研究证明过程公平性所产生的不同情绪是个体采取不同行为的原因。基于这一研究不足，本书将奖励过程公平性定义为观察者分销商所觉察到的奖励分配的决策制定过程的公平性（Luo，2007），并在前人研究的基础上探讨供应商的过程公平是否可以通过引发观察者分销商的积极嫉妒情绪进而使之具有较高的关系承诺水平。

综上所述，现有的一些文献探讨了分配公平、过程公平对组织内员工情绪和行为的反应。一般认为，个体所感受到的公平待遇或不公平待遇会促使员工产生不同的情绪（Bies and Tripp，2001），这些不同的情绪又是引起个体做出建设性交换行为或者破坏性报复行为的内在原因（Tripp and Bies，1996）。由于组织间关系也像组织内关系一样存在资源的分配问题，因此本研究认为分配公平和过程公平也会影响分销商的情绪，进而影响其承诺关系水平。

四、奖励治理机制研究述评

根据以上文献回顾，激励机制是供应商为使分销商按照自己的要求采取行动而做出的一种单边的经济治理机制，奖励是其外在的一种表现形式。现有的基于双边视角探讨激励机制的研究能够解释供应商奖励对获奖分销商的激励作用。其中，代理理论认为，供应商—分销商关系常常存在代理问题，分销商存在机会主义行为倾向，常常把自己的利益置于供应商的利益之上，供应商可以采用基于行为的激励或基于结果的激励来减少信息的不对称性，促进双方利益和目标的一致性，进而提高分销商的合作水平。而交易成本理论则认为，分销商具有机会主义倾向，供应商可以采取激励措施使合作带来的长期利益高于机会主义带来的短期报酬，进而控制渠道机会主义的发生，帮助双方建立长期合作关系。因此，双边视角下的代理理论和交易成本理论都假设个体（企业）具有自利的倾向，个体（企业）会根据一件事情的损益计算做出行为决定，因而"向前拉"的激励机制对其是有效的。激励机制能够减少信息不对称，使供应商和分销商的利益与目标达到一致，使供应商和分销商均能获益，从而促进分销商积极合作。根据代理理论和交易成本理论，供应商奖励能够在一定程度上减少信息不对称和信息不充分带来的评估与适应问题，并通过经济手段使获奖分销商和供应商的利益相一致，促使获奖分销商采取合作行为。

现有研究主要是从双边视角进行探讨的，只有极少量研究从多边视角对激励机制进行研究。在与纵向网络相关的研究中，供应商对上游制造商的激励机制仍然是直接作用于制造商，只是其对上游制造商的激励结果不仅有利于双边关系，还有利于与其毗邻的下游双边关系的发展，进而影响整个纵向供应链的效率。然而，横向分销网络中的奖励不直接作用于观察者分销商，横向分销商网络和纵向供应链网络也具有不同的特点。横向网络中供应商与每一家分销商的关系相对独立，与纵向网络中上、下游关系的相互依存不同，供应商与某一家分销商关系的好坏并不取决于它与其他分销商关系的好坏。因此,纵向网络中的激励作用机制无法解释横向网络中奖励对其他分销商的示范作用。考虑到目前尚无研究定位于横向网络,本研究拟基于其他理论角度选择探讨横向网络中奖励的溢出观察者效应。

另外,本书对与现有奖励机制相关的文献进行梳理后发现,已有的研究主要是从奖励大小的角度研究奖励在双边关系中的激励作用,即奖励的力度越大,其对获奖分销商的激励作用也越大。而在多边关系中,观察者分销商不仅对奖励大小有直观感受,还能通过比较对奖励公平性产生主观感受。因此,本书拟在多边视角下研究奖励大小和奖励公平性对观察者分销商产生的影响。虽然与奖励相关的现有研究很少以奖励公平性这一特征为着眼点研究奖励的激励治理效果,但是公平理论中有大量的关于分配公平和过程公平的研究。基于此,本书将探讨在分销网络中奖励分配公平性和奖励过程公平性是否也能通过对观察者分销商嫉妒情绪的影响进而提高其关系承诺水平。

第二节 关于嫉妒的研究

"嫉妒"一词本是心理学概念,近几年逐渐被应用到组织治理层面。一些研究者认为,员工感受到的组织分配不公所引发的员工嫉妒情绪是导致较高的离职率和较低的工作满意度的原因之一。企业内部的员工嫉妒往往对整个企业的绩效水平产生负面影响。然而一些学者提出,嫉妒情绪不仅可以解释个人的决策行为,还可以解释不同社会群体的行为反应方式,即嫉妒情绪这一微观心理变量能够解释企业采取不同行为的内在动机(Das and Kumar, 2011),原因在于企业的大部分决策都是由企业中的高层管理者做出的。由于企业决策由个人做出,个人心理学方面的变量如嫉妒就能直接影响决策(Guth and Tagiuri, 1965; Das and Kumar, 2011),即嫉妒这种微观心理学变量也能够影响宏观企业间的行为和关系。因此,本书把对嫉妒情绪的应用拓展到企业间，用以解释奖励对观察者分销商产生作用的内在动因。本节对研究嫉妒的已有文献进行梳理。

一、嫉妒的定义

"嫉妒"，或"妒忌""嫉忌"，在中国古代文献中多被视为负面用词。古人认为嫉妒是一种不当行为，君子应该戒除嫉妒。在西方学界，嫉妒也被看作一种广泛的不愉快的、应该遭到谴责的情绪（Miceli and Castelfranchi，2007）。例如，米尔（Mill，1859/1999）认为，嫉妒是所有情绪中最为反社会的情绪。诗人乔叟在《牧师的故事》（*The Parson's Tale*）中指出，最严重的罪恶就是嫉妒，因为它与所有的美德和善良相悖。詹姆斯·汤姆逊（James Thomson，1730/1842）则认为，"卑鄙的嫉妒使人在他人欢乐下萎缩，并憎恨那难以企及的优越"，这种优越来自任何美好的品质，如美丽、财富、美德等。

然而嫉妒是一种相当复杂的情绪状态，它与许多情绪，比如渴望和贪婪、羡慕和模仿、生气、憎恨和不公平感、沮丧和次级感等，具有类似的特征。人们很难区分嫉妒与这些情绪的关系，它们可能是嫉妒情绪的一部分特征，也可能只是和嫉妒相似的其他情绪。

在英文中，嫉妒有"jealousy"和"envy"两种表达方式。"jealousy"源自希腊文"zelos"，是指一项受重视的关系出现了危机，必须采取行动。"jealousy"一般发生在由当事人、关系人和第三者组成的三角关系中，当事人认为自己与他人的重要关系已经受到第三者的威胁，并可能失去这种重要关系时，会产生恐惧、不信任、猜疑和生气的情绪。在《牛津英语大辞典》中，"jealousy"的定义是一种真实且渴望的情感关系被另外出现的他人所威胁时而产生的情绪。"envy"则来自拉丁文"invidere"，是侧目的意思，指心里有不满或不平的情绪。《牛津英语大辞典》对"envy"的定义为，当一个人拿自己所拥有的特质、财产、成就无法与比较对象进行比较，此人所拥有的一切低于他人时，心中产生的不满与恶意的情绪。总而言之，"jealousy"是由害怕失去与别人的重要关系而产生，而"envy"着重指在达不到别人的水平时所产生的低人一等的感觉。

从以上的描述中，研究者可以了解到“jealousy”和“envy”在词源和含义上的区别。虽然“jealousy”和“envy”都源于个体缺乏或渴望得到他人所拥有的，但“jealousy”偏向因关系受到破坏而产生的嫉妒感，是一种社会关系嫉妒(social-relation jealousy)。社会关系嫉妒是指当个体所重视的情感关系因为第三者的出现而威胁到自己，使自己可能失去原有关系或导致关系破灭时所产生的嫉妒情绪。而“envy”则偏向于自身缺乏他人的特质而产生的嫉妒感，是一种社会比较嫉妒(social-comparison jealousy)。社会比较嫉妒是指个体在主观上认为自己缺乏他人所拥有的特质、财产和成就时，或自己在某些方面的表现比对方差时所产生的嫉妒情绪。本书所研究的嫉妒情绪来自社会比较，因而这里的嫉妒指的是英文词“envy”所具有的含义，即观察者分销商与获奖分销商进行比较后，因为没有获奖而感受到的低人一等的嫉妒情绪。研究的概念模型和研究假设是在该定义的基础上提出的。

嫉妒来自社会比较，即当人通过社会比较感觉到低人一等时，一方面想要达到别人的状态，另一方面因为自己所处的环境和能力阻碍自己达到这一状态时就会产生嫉妒的情绪(Foster, 1972)。也有一些学者指出，嫉妒是指人们在向上进行比较时，发现自己缺乏他人所拥有的特质、财产和成就，因而希望自己也获得他人所拥有的一切，或者希望他人失去所拥有的一切时的一种情绪(Parrott and Smith, 1993; Foster, 1972)。希望自己也获得他人所拥有的一切是嫉妒较为积极的方面，而希望他人失去其所拥有的一切则是嫉妒较为消极的方面(Van de Ven et al., 2009)。总的来说，这种情绪是令人不愉快且痛苦的，伴随着敌意、憎恨和低人一等的感觉等(Parrott, 1991; Parrott and Smith, 1993)。另外，嫉妒还有两个必要条件，分别是相似性和相关性。相似性是指嫉妒者与嫉妒对象的相似度。研究表明，人们嫉妒那些与自己相类似的人(e. g., Schaubroeck and Lam, 2004)。相关性是指嫉妒者认为相似之处对自己很重要或与自己相关的领域。比如，一个员工可能会嫉妒那些最近升职了的同事，而不会去嫉妒一位成功的奥林匹克运动会田径冠军；一个高年级学生可能去嫉妒一个得到令人艳羡的大公司实习机会的同学，而不会去嫉妒一位成功的45岁的公司总裁。

因此，嫉妒主要是个体在对自己重要的领域内与他人进行向上比较而产生的结果。进一步来说，如果比较对象的表现比自己更好，而且比较对象与自身有很多相似的特质，且相似之处对自己很重要时，那么产生的嫉妒会是非常强烈的，伴随着次级感、敌意和憎恨等。另外，嫉妒来源于社会比较，不同于基于社会关系而产生的妒忌。由社会比较理论可知，人们总喜欢与跟自己相似的对象进行比较，嫉妒即是进行社会比较后可能产生的一种情绪。基于上述分析，由于分销商共同销售同一家供应商的产品，具有相似的目标和处境，因而特别容易在一些重要的领域内（如奖励的分配）进行相互攀比。当某分销商获得了奖励而自己却没有获得时，奖励大小和奖励公平性都会成为引发分销商产生嫉妒情绪的重要因素，最终对分销商的合作行为和合作水平产生相应影响。

二、嫉妒的类型

范德文等（Van de Ven et al.，2009）通过实证研究将嫉妒分为恶意嫉妒和善意嫉妒两种类型。恶意嫉妒是不利的社会比较和随之而来的低人一等的次级感所产生的痛苦的感受，以及因无法改变自己的状况而产生的无助感和希望渺茫感，并会对嫉妒的对象产生敌意，即希望对方达不到目标。而善意嫉妒更多表达的是对他人及其所获成就的欣赏，在善意嫉妒的语境中，“我嫉妒你”是指我想成为你，因为我觉得你是有价值的。善意嫉妒是嫉妒的一种积极表现形式。

研究发现，社会比较所产生的同化效应或者反差效应是两种嫉妒产生的原因（Sterling，2013）。当个体与另一个相关个体进行比较时，比较得来的信息形成了该个体对其自身相对水平的评价。评价可以反映出两者的差距，当个体自身与所比较对象的差距明显时，将会产生反差效应；评价也可以将两者列为一个类别，当个体专注于与所比较对象的相似之处时会形成同化效应(Mussweiler et al.，2004)。社会比较所产生的反差效应或者同化效应又决定了个体通过社会比较产生的情绪是善意嫉妒还是恶意嫉妒。例如，当观察者分销商憎恨获奖分销商的成就并专注于自己与获奖分销商的差距(反差效应)时，就会产生恶意嫉妒；当观察者分销商欣赏获奖分销商的成就并专注于与获奖分销商相似的地方(同化效应)时，就会产生善意嫉妒。此外，一些研究发现，正当性察觉(perceived deservingness)，即被嫉妒的对象的优势是否具有正当性，也会决定个体产生的是恶意嫉妒还是善意嫉妒(Van de Ven et al.，2009)。如果个体认为这种优势是正当且值得的，就会善意地嫉妒优势者；如果个体认为这种优势是不正当的、不应该的，就会恶意地嫉妒优势者(Van de Ven et al.，2010)。

这两种嫉妒的不同还表现在个体所体验情绪的不同：恶意嫉妒是充满敌意的嫉妒，而善意嫉妒是没有敌意的嫉妒。两者因情绪体验不同会形成不同的动机。恶意嫉妒的人会感到沮丧，并尝试将不同水平中表现比自己优秀的人拉下来；善意嫉妒的人也会感到沮丧，但他们会尝试提高自己，使自己更接近于优秀者。恶意嫉妒的动机是降低他人的地位或减弱他人的影响("向下拉"的动机)，而善意嫉妒的动机则是完善自我(向上的动机)(Van de Ven et al.，2009)。两种嫉妒的不同动机产生了不同的行为结果：恶意嫉妒充满了敌意并有可能造成毁灭性的结果(Sundie et al.，2009)，而善意嫉妒则没有敌意并常常带来有建设性的、合作性的行为(Epstein，2003；Van de Ven et al.，2011)。虽然善意嫉妒是没有敌意的嫉妒，但仍然包含着次级感受所带来的痛苦，因此善意嫉妒和恶意嫉妒都是一种不愉快且痛苦的情绪，是由于人们觉察到他人正在享用自己也想得到的东西时而产生的一种痛苦感觉，但是善意嫉妒作为嫉妒的积极表现形式会产生积极的结果，而恶意嫉妒作为嫉妒的消极表现形式会产生消极的结果。因此，本书的一个重要观点是，奖励的不同特征所引发的善意嫉妒和恶意嫉妒是观察者分销商做出不同的关系承诺的原因。当观察者分销商对获奖分销商持有恶意嫉妒时，会采取恶意方式来损害获奖分销商的利益，同时企图报复供应商的不公平分配，采取非伦理和竞争性的方式谋取自身的利益，进而损害供应商的利益，降低关系承诺水平。而当观察者分销商对获奖分销商持有善意嫉妒时，会努力提高自己的绩效，以达到获奖分销商同样的成就，表现为积极地与供应商合作，保持较高的关系承诺水平。

三、嫉妒的内容与对象

1. 嫉妒的内容

嫉妒的内容可能是任何一种物品或事务状态：或者是一种物品，或者是一种精神礼物，或者是一种社会地位、心理状态；有时嫉妒者嫉妒的对象达到的目标或者拥有的资源也可能成为嫉妒者嫉妒的内容。例如，当某人达到某个目标或者拥有某种资源并给其带来满足感或者声望时，就可能引发他人的嫉妒。因此，一个人可能只是因为看到另一个人在帆船比赛中夺冠了就嫉妒他，尽管他自己连参加帆船比赛的愿望也没有。亚里士多德(Aristotle，1991)和海德(Heider，1958)强调，只要对方拥有，就可能成为嫉妒的对象。进一步来说，米塞利(Miceli)和卡斯特尔弗兰奇(Castelfranchi)总结指出，以上提出的所有内容都是一种优越性，即人们实际嫉妒的是他人的优越性。在分销环境中，当供应商对某一分销商发放奖励时，促成了获奖分销商的优越性，这便成为观察者分销商嫉妒的内容。具体而言，奖励大小和奖励的公平性都是优越性的具体反映，因此会引起观察者分销商嫉妒情绪的产生。

2. 嫉妒的对象

亚里士多德(1991)认为，人们通常嫉妒那些与自己所处时间、空间或是年龄和名声等方面较为接近的人。一方面，这种接近代表着一方很容易知道另一方的目标、品质、技巧和资源，并且双方频繁的交流使得嫉妒比较经常发生；另一方面，这种接近也说明嫉妒者和嫉妒对象目标与处境的相似性。接近又被称作相似性，即个体容易嫉妒相似的个体。相似性不仅为社会比较提供了机会，还使比较变得准确和具有有效性。费斯廷格

(Festinger, 1954)指出，个体常与相似的个体比较以进行自我评估。这种相似性可能是与相比较的事物相关的相似(如某人实现突出绩效的能力)，或者与所比较的事物无关，但是与个人形象紧密相关的特征的相似(Wood, 1989)。心理的认同也被视为相似的表现，比如亲属、朋友或同一个性别的人(Heider, 1958)。

另有学者认为，个体倾向于向上比较，即个体容易与比他稍微好一点儿的相似个体(如拥有更多的技术、能力和成功的个体)进行比较。向上比较，一方面为个体进行自我比较提供了正面的例子，另一方面能使个体进行自我提高，因为向上比较既向个体提供了达到更高地位的宝贵信息(比如，需要获得的技术、需要学习的策略和应该达到的目标等)，又能激励个体努力达到这一目标(e. g. , Lockwood and Kunda, 1997)。另外，向上比较还能使个体实现自我扩张(e. g. , Collins, 1996)，因为个体只会专注于其与相似个体的相似点，进而得出自己也会得到相似结果的结论，从而强化了自我认知。但是向上比较的风险在于，个体并不总是能与比较的对象同样成功，即认为自己也能得到相似的结果(e. g. , Collins, 1996)。当差异出现，并且不能减少或忽视这种差异时，相似性所引发的正面期待就会落空，促使个体得出低于标准的结论，进而使个体产生如恶意嫉妒之类的负面情绪。

在分销环境中，分销网络中的分销商面对同一家供应商，销售相似类别的产品，都希望达到较高的销售业绩，具有一定的相似性，分销商常常相互比较绩效水平以评估自我的价值。当某一家分销商获得奖励时，会引起其他分销商的向上比较，成为其他分销商嫉妒的对象。如果观察者分销商专注于自己与获奖分销商的相似之处，认为自己也会得到相似的奖励，就会表现为善意嫉妒；而当观察者分销商专注于自己与获奖分销商的差异，造成其正面的期待落空，自我形象和价值受损，就会产生恶意嫉妒的消极情绪。

四、嫉妒与不公平

在现实中，嫉妒和不公平常常相伴出现(e. g. , Cohen-Charash and

Mueller, 2007),人们常用自己不公平的遭遇来表达自己的嫉妒。例如,"我比他付出了更多的努力,可是他得到的却更多";或者把不公平当作嫉妒的借口,例如"我感到嫉妒,因为整个状况是不公平的"。因此,人们往往将不公平的状态与嫉妒联系起来看。科恩-查拉什和穆勒(Cohen-Charash and Mueller, 2007)指出,不公平会导致嫉妒,即当一个人认为不公平的待遇对他的自我概念来说很重要,并且他与比较的对象地位相似时,就会因不平等的待遇而产生嫉妒。此外,利布里奇(Lieblich, 1971)用虚拟情境法探究嫉妒的前置变量,发现分配不公平是嫉妒的前置变量。也有学者认为,嫉妒会导致不公平的体验(Heider, 1958),因为嫉妒者所产生的羞愧感、次级感威胁到了自我形象和价值,而不公平感能够将自我与优势者的差距归因于不公平的分配,进而平息嫉妒产生的羞愧感和次级感(Smith et al., 1999)。例如,肖布洛克和拉姆(Schaubroeck and Lam, 2004)研究发现,当企业员工嫉妒其他员工升职时,会认为升职是不公平的。根据上述文献可知,嫉妒和不公平总是高度相关的(Parrott and Smith, 1993; Smith et al., 1994, 1999)。

但是也有学者指出,不公平不是嫉妒的必要条件,嫉妒并不总是和不公平同时存在。不管公平或不公平,只要甲感觉自己低于乙,或者乙拥有了甲想达到但又没有达到的结果时,就会对乙产生嫉妒。通过进一步考量,本研究发现,真正引起嫉妒的是比较,而人们只会与和自己相似的对象进行比较(Wood, 1989),因此相似度是个体产生嫉妒的先决条件。而处在同一个环境里的群体具有相同的身份和一定程度的相似度,例如同一个企业的员工,或同一个分销网络中的分销商,很容易进行相互比较,其他个体得到的好处(奖励大小),或分配的公平性(奖励的公平性),都容易成为嫉妒情绪产生的诱因。综上所述,研究者了解到嫉妒与不公平常常同时出现并高度相关。观察者分销商对奖励的公平性的感知常常引发其嫉妒情绪的产生,但除了对奖励公平或不公平的感知,其他导致相似分销商感到低人一等的因素(如奖励大小)也会造成嫉妒情绪的产生。

尽管学界对不公平和嫉妒的关系进行了大量的研究，但是这些研究大多是在组织内部完成的，目前尚未发现关于分销网络奖励情境中的公平和嫉妒关系的研究。另外，现有对于公平和嫉妒关系的研究都是从分配公平性的角度进行的，很少探讨过程公平性与嫉妒情绪的关系（e. g. ，Bembenek et al. ，2007；Krehbiel and Cropanzano，2000）。因此，本书将从奖励分配公平性和奖励过程公平性两个维度探讨公平与嫉妒的关系。本书将嫉妒分为善意嫉妒和恶意嫉妒，假设认为分配公平、过程公平所引发的善意嫉妒会产生更为积极的结果，而分配公平、过程公平所引发的恶意嫉妒会导致更为消极的结果。本研究在分销环境中同时把公平分为分配公平和过程公平，以及把嫉妒分为善意嫉妒和恶意嫉妒，并研究不同公平维度和不同嫉妒维度间的关系，能够解释不同公平性对观察者分销商关系承诺的影响，并弥补现有研究的不足，在前人研究的基础上进一步探究公平和嫉妒的关系。

五、嫉妒产生的效应

嫉妒可能带来破坏性的后果。众多研究发现，嫉妒者与被嫉妒者双方都会因为嫉妒而带来伤害，伤害是双向的而不仅限于一方（e. g. ，Vecchio，2005）。嫉妒会带来一系列反社会的结果，例如当看到优势者受苦或失败时，嫉妒者会感到恶意的欢喜（Sundie et al. ，2009），或者想要破坏优势者所拥有的美好的事物，或者愿意牺牲自己的所得只是为了减少嫉妒对象的优势，或者做出非理智的决策等，比如人与人之间的嫉妒所产生的敌对行为，小到言语的冒犯，大到人身攻击。此外，嫉妒所带来的负面结果还包括对人们的心理健康所产生的影响。例如，导致忧愁和苦恼、低自尊、对生活的不满、抑郁、神经质、敌意、憎恨、次级感等（Smith et al. ，1999），负面影响甚至延伸到身体健康层面。以上研究结果使学者们看到了嫉妒所固有的消极的一面。

还有学者研究了嫉妒对组织的负面影响。例如，在工作场合中的嫉妒会导致嫉妒者去损害他人的名声、影响他人的效率（Schaubroeck and Lam，

2004)，造成较高的离职率和较低的工作满意度，进而引发嫉妒者较低的合作度和绩效水平。嫉妒还会影响组织内的其他高绩效者，致使高绩效者为了保持和其他员工良好的关系，会人为地降低绩效水平从而防止其他员工的嫉妒(Exline and Lobel, 1999)。因此，嫉妒的消极面对组织的负面影响不容忽视，嫉妒不仅会降低嫉妒者的效率，还会降低被嫉妒者的效率，进而降低整个组织的效率。

相反，嫉妒的减少会减少反社会行为并带来亲社会行为。所谓亲社会行为是指想要做出有利于他人的行为，例如帮助、分享、安慰、指导、解救和保卫等。亲社会行为不仅是指个人的一种行为，而且适用于组织、团体和国家等。它的表现形式为给慈善事业或组织的捐款，与其他人分享资源，或者仅仅是一些安慰的话语等。

以上研究均认为嫉妒是一种消极情绪，会给个人、企业和社会带来消极的影响，嫉妒的减少会使反社会行为减少，带来亲社会行为。根据范德文等(2009)的分类方法，这一类嫉妒指的是恶意的消极的表现形式。然而嫉妒除了消极的表现形式，还有积极的表现形式，因此嫉妒也不总是带来负面的结果，有时也会产生积极的力量。善意的嫉妒虽然也使人感到沮丧，却有可能成为激励人提升自己的动机(不愉快的自我要求)(Van de Ven et al., 2011a, 2011b)。学者们认为，嫉妒也可以刺激经济发展，因为嫉妒可以促使人们努力工作来获得他们渴望得到的东西(Epstein, 2003)。贝尔克(Belk, 2008)发现，消费者嫉妒是温和且拥有积极的力量的，嫉妒更可能使嫉妒者采取效仿(emulation)的行为，从而得到嫉妒的对象所拥有的东西。这种嫉妒是积极的、建设性的。同时，正面的嫉妒还可能激发员工努力工作以改变自己的地位。

可见，现有对于嫉妒的研究大都认为嫉妒是一种较为恶意或消极的情绪，即认为嫉妒是一种恶意嫉妒，研究了恶意嫉妒所带来的各种破坏性或负面的结果。同时，也有一些学者提出，嫉妒还有更为积极的一面，表现为善意嫉妒。对于善意嫉妒所产生的结果方面的研究要少于对于恶意嫉妒所产生的结果方面的研究。由于不同的嫉妒类型会促成不同的行为结果，因而本书从善意嫉妒和恶意嫉妒两个方面来研究奖励的不同特征所产生的嫉妒对观察者分销商关系承诺水平的影响，能够对现有研究的内容有所拓展。

六、有关研究述评

嫉妒是人们通过向上进行比较发现自己没有相似个体高级时所体验到的一种不愉快和痛苦的情绪体验，常常伴随着次级感、敌意和憎恨等负面情绪(Foster, 1972; Parrott and Smith, 1993)。嫉妒具有相似性和相关性两个必要条件。人们常常嫉妒别人拥有的各种物质和精神带来的优越性，并经常嫉妒比自己好的相似个体。不公平也常常导致嫉妒。善意嫉妒是嫉妒的积极方面，会带来正面的结果；恶意嫉妒是嫉妒的消极方面，常常带来负面的结果。近些年来，一些学者开始把嫉妒这一心理学变量引入营销学的研究中，研究一些行为和机制的内在情绪机理，但这些研究大部分集中在企业内部治理上，本研究将对嫉妒的研究拓展到企业间关系治理中，探讨善意嫉妒和恶意嫉妒在奖励的不同特征与观察者分销商关系承诺间的中介作用。

供应商的奖励安排造成分销商之间为了争夺奖品而激烈竞争，激烈的竞争氛围引发了分销商之间的社会比较(Vecchio, 2005)。由于信息不对称，分销商往往相互比较，特别是与获奖分销商的绩效进行比较来了解自己的绩效水平以及自己在分销网络中的地位。奖励的不同特征所引发的社会比较会导致嫉妒的产生，观察者分销商因为没有获奖可能产生次级感和匮乏感，并且希望自己同样得到奖励或者希望获奖分销商没有得到奖励(Parrott and Smith, 1993)。为了减小自己与获奖分销商之间的差距，嫉妒或者促使观察者分销商向上努力以获得同样的待遇，或者导致被嫉妒的获奖分销商被迫失去优势地位(Van de Ven et al., 2009)。那么，奖励引发的社会比较到底是引发善意嫉妒还是恶意嫉妒？文献梳理结果显示，这取决于观察者分销商对奖励的不同特征——比如观察到的奖励大小、奖励分配公平性和奖励过程公平性等情况——的评估(Smith and Kirby, 2001)。从文献来看,研究善意嫉妒的文献非常匮乏。考虑到两种嫉妒形式的认知侧重有所不同,并会产生不同的行为结果,因而本研究将分别探讨善意嫉妒和恶意嫉妒这两种形式对奖励的不同特征和关系承诺影响的中介作用。

第三节　关于关系承诺的研究

鉴于关系承诺的重要作用(Anderson and Weitz, 1992; Morgan and Hunt, 1994),供应商对优秀分销商实施奖励的主要目的是希望提高分销网络中所有分销商的关系承诺水平,从而维持供应商与分销商长期稳定的合作关系,使供应商的产品能够有效而稳定地投放到市场中。关系承诺代表交易双方继续合作的意愿(Anderson and Weitz, 1992),能够增加关系的确定性和灵活度,并能够保证渠道中权力和影响力的建设性使用。渠道中分销商通过人员招聘和培训安排、工作公平和组织支持等来显示其对供应商的关系承诺(Morgan and Hunt, 1994);另外分销商还可以通过独家销售或者做出专用性投资来表现自己的承诺水平(Brown et al., 1995)。由于分销商关系承诺不仅会增加供应商的绩效,还可能影响上下游各企业的绩效(Brown et al., 1995),因而本研究将运用关系承诺衡量多边视角下奖励的溢出观察者效应。下面对已有的关系承诺研究成果进行梳理和回顾。

一、关系承诺的定义

很多领域的研究都对关系承诺进行了探讨,并把有关学科的内容加到关系承诺概念中,使关系承诺的概念具有多样化特征。在对营销渠道的研究中,格宾和安德森 (1992)认为,关系承诺是一种想要发展稳定关系的愿望,是一种甘愿为发展和维持合作关系而牺牲短期利益的意愿,也是一种保持关系稳定的信心。威尔森(1995)认为,关系承诺是企业想要维系关系的愿望和确保关系能够维系的努力。类似地，摩根和亨特(Morgan and Hunt，1994)认为，关系承诺是一种关于长期关系多么重要的信念，即坚信与交易伙伴建立持续关系非常重要，愿意付出最大努力来维系并增强这一关系。本研究认为，观察者分销商的关系承诺是观察者分销商为了维系和发展与供应商的合作关系而做出的努力，这是供应商实施奖励措施希望达到的治理目标。

关于关系承诺的分类，不同学者做了不同的划分。例如，霍(Huo，2007)将承诺分为人际承诺和组织承诺。霍恩比(Hornby，1995)又进一步把组织承诺分为组织内承诺和组织间承诺。组织间承诺就是本研究提到的关系承诺。对于组织间承诺的分类，最常见的是艾伦和迈耶(Allen and Meyer，1990)提出的三维度模型，他们把关系承诺分为情感性承诺、持续性承诺和规范性承诺三个维度：(1) 情感性承诺是指企业对关系的情感投入程度。具有强烈情感投入程度的分销商认同与供应商的渠道关系，并关心供应商的利益，因此愿意与交易伙伴即供应商保持长期合作关系(Kumar et al.，1995)。有研究指出，过程公平会促进情感承诺(Folger and Konovsky，1989)。(2) 持续性承诺来源于离开一种关系所产生的成本，是指分销商继续维持与供应商的渠道关系的意愿(Kim and Frazier，1997)。如果一家分销商已经在为维持与供应商的关系中投入了较多专用性投资，就可能对关系保持较高的持续性承诺。(3) 规范性承诺是指分销商感到有责任与供应商继续保持关系，表现为分销商对供应商价值的认同和内化。一般而言，分销商对供应商的投资越多，就越容易对关系产生规范性承诺。

本书研究的关系承诺更偏向于情感性承诺。马奇和西蒙(March and Simon，1958)指出，奖励带来的承诺往往是情感性承诺，即促使双方互相认同身份，使得双方的目标达到高度的一致。本研究认为，供应商奖励对观察者分销商的激励作用也表现为一种情感性承诺，即观察者分销商感受到其对供应商身份的认同以及其与供应商之间的目标一致性，并希望通过维持与供应商的合作关系而实现那些一致性目标。考虑到这一点，本研究只将关系承诺作为一种情感性的单维构念进行探讨(e. g. ，Anderson and Weitz，1992)。由于情感性承诺不仅表现为分销商的信念和价值表达，还表现为合作性的行为，因此本研究对关系承诺的定义，除了表明观察者分销商在情感上的高度认同，还涵盖了观察者分销商为了维系合作关系而做出的合作性行为。具体而言，本书研究的关系承诺具有如下三个相互关联的特征：观察者分销商相信并接受供应商的目标和价值，观察者分销商愿意为了达到双方共同的利益而做出巨大努力，观察者分销商具有与供应商维持合作关系的强烈愿望。

二、关系承诺的有关研究

关系承诺被视为企业发展长期商业关系的必备条件。学者们从不同的角度对关系承诺的前因变量进行了研究。摩根和亨特(1994)在其经典研究中提到，承诺是企业与各交易伙伴间所有关系交易的中心，能够给企业带来有利的结果，交易双方都希望努力发展和维持这一有利的关系属性。摩根和亨特(1994)提出承诺的影响因素包括：(1) 关系终止成本。如果转换成本太高，交易方就更愿意维持一个有质量的关系。(2) 关系利益。如果交易伙伴提高超额的利益，交易方就更愿意发展、建立和维持与交易伙伴的关系。(3) 共享价值。如果交易方接受关系中的价值和准则，它就更愿意采取合适的行动并更多地投入关系中。(4) 交流和机会主义行为。这两个因素通过信任间接地影响关系承诺。摩根和亨特(1994)特别地提到了信任对关系承诺的重要作用，由于承诺易使企业受到伤害，因此企业只会向值得信任的合作伙伴承诺。

卡苏里斯和斯佩克曼(Kasulis and Spekman，1980)在研究中指出，权力也可以影响承诺。他们认为，权力的使用会形成认同和内化的结果，而认同和内化就是承诺的表现形式(O'Reilly and Chatman，1986)。具体而言，渠道主导成员对威望权力或专家权力的使用能使渠道其他成员对渠道关系产生认同感，而渠道主导成员对传统法定权力的使用则使渠道其他成员内化为渠道的一部分(Kasulis and Spekman, 1980)。总之,在渠道中恰当地使用权力能使渠道成员达到一致的价值和目标,进而帮助渠道成员维系长期关系。

另外,研究发现,影响企业间关系承诺水平的还有专有性投资、关系社会准则的发展、可观察到的交易伙伴的承诺水平(Anderson and Weitz, 1992)、渠道成员和绩效水平(Brown et al., 1995)等。库马等(Kumar et al., 1995)指出,关系承诺还与企业间的相互依赖水平有关,交易双方的相互依赖水平越不平衡,某一交易方的关系承诺水平就越低。

综上所述,现有研究主要从组织战略层面研究了影响关系承诺的因素。摩根和亨特(1994)的研究揭示了交易中的交易利益和共享价值会促使交易方表现出较好的关系承诺。本研究认为,双边视角下的奖励也可以通过提高交易利益和共享价值来提高获奖分销商的关系承诺水平。具体而言,在双边视角下,供应商通过给获奖分销商超额利益,使双方的目标和利益达成一致,进而提高其关系承诺水平。而在多边视角下,奖励也能使观察者分销商和供应商在目标与利益达成一致,但只是通过奖励引发的社会比较这一社会因素来实现。如果奖励的不同特征能够通过社会比较来增加观察者分销商的善意嫉妒,观察者分销商就会努力模仿获奖分销商以获得同样的奖励,并表现出较高的关系承诺水平。因此,本研究认为,奖励所引发的不同嫉妒情绪是形成观察者分销商不同关系承诺水平的重要原因。

三、关系承诺研究述评

关系承诺是观察者分销商对供应商的情感和价值的认同程度,表现为观察者分销商为了维系和发展与供应商的合作关系而做出的各种努力。关系承诺是分销渠道成功的关键(Morgan and Hunt, 1994),能够给整个渠道和渠道各成员带来积极的结果,因此理解不同治理机制对关系承诺的影响就变得非常重要。奖励激励机制的目的是激励分销商能够付出更多的努力来保持合作关系(Gilliland, 2004),因而本研究将要检测奖励如何通过情绪来影响观察者分销商对供应商的关系承诺，帮助供应商与分销商保持长期稳定的合作关系，从而获得较好的渠道治理效果。

以往对关系承诺前因变量的研究大多集中在双边关系中。学者们认为，在供应商—分销商关系中，信任、权力、持续的意愿、交流、共享价值和准则、关系利益、供应商的关系承诺、渠道成员和绩效水平、依赖度和专用性投资等宏观组织战略层面的变量是决定分销商关系承诺的主要因素（Goodman and Dion，2001）。然而双边关系只是被嵌入复杂的渠道网络中的一种属性，分销商的关系承诺不只是被双边关系中的因素影响，同时也被多边关系中的因素影响（Wathne and Heide，2004）。本研究认为，供应商所做出的奖励安排不仅影响获奖分销商的关系承诺，还会影响分销网络中其他处在观察者地位的分销商的关系承诺。在双边环境中，供应商奖励对获奖分销商的关系承诺的影响来自奖励所带来的经济刺激效果；在多边环境中，供应商奖励对观察者分销商的影响则来自奖励所带来的社会比较，奖励所带来的社会比较会导致嫉妒情绪的产生，进而影响观察者分销商的合作行为。因此，多边关系中奖励所引发的不同嫉妒情绪是形成观察者分销商不同关系承诺水平的重要原因。由于现有研究较少从心理层面分析企业关系承诺的形成原因，因而本书将对现有文献做出补充。

第四节　关于网络中心性的研究

社会网络理论往往从网络的关系和结构两个方面来研究网络因素对双边关系的影响。关系代表了双边关系的好坏或连接的强弱，而结构则代表个体在网络中所处的位置。由于在本书研究的分销网络环境里，各分销商与供应商的连接类似（Rindfleisch and Moorman，2001），而分销商在网络结构中的位置不同。因此，本书从社会网络的结构因素——网络中心性——角度研究网络因素对奖励观察者效应的影响。本节将对网络中心性的定义和有关研究进行梳理，并将在后面的理论部分从社会网络理论角度具体地分析网络中心性对奖励观察者效应影响的内在原理。

一、网络中心性的定义

网络中心性研究最早可追溯到巴韦拉斯（Bavelas，1950）和莱维特（Leavitt，1951）的研究。之后有许多学者给出了网络中心性的定义。布拉斯（Brass，1995）将网络中心性定义为“节点（node）在网络中中心性的程度”。另有学者认为，网络中心性代表个体在网络中的地位，是指个体借由专注于许多重要连接以占据策略地位的程度（Wasserman and Faust，1994）。伊瓦拉（Ibarra，1993）认为，个体如果处在网络中心位置，就可以更多地控制有关资源并享有更多的利益。基于上述定义，网络中心性可被视为一种网络结构特征，用以衡量企业在网络中的重要性（Wasserman and Galaskiewicz，1994）和企业在网络中拥有的信息程度（Gulati，1998）。

网络中心性是衡量社会网络结构的指标，不同的社会网络结构会产生不同的权力或影响力（Hanneman，2001）。在社会网络结构中，个体所处的位置决定了其所控制的资源。当企业处在社会网络的中心位置时，它将拥有更多的资源和信息，其他企业需要依靠它才能获得相应的资源或信息，因此处在社会网络中心位置的企业将具有更大的权力或影响力。另外，网络中心性还能在一定程度上反映一个节点与其他节点的交流情况。如果个体失去在网络中相连的节点，就会降低其网络中心性，进而减少个体在网络中的交流程度（Shah，2000）。而网络中心性程度较高代表了个体在社会网络中的参与度较高，与其他个体的交流较多，能够带来更高的组织承诺水平（Feeley and Barnett，1997）。

网络中心性这一社会网络概念能够影响企业或组织间的交流和互动，目前已被广泛应用到有关企业或组织间关系的研究中。本研究认为，分销商的网络中心性代表分销商在分销网络中的中心性程度。由于具有较高中心性的分销商掌握了更多的资源和信息，因而在分销网络中具有较大的权力和影响力，加上中心分销商的连接节点较多，在分销网络中的活跃度很高，是分销网络中的关键企业。

二、网络中心性的分类

一些学者从点度中心性(degree)、接近中心性(closeness)和中间中心性(betweenness)三个维度对网络中心性进行区分，并使之具有可操作性(Freeman，1979；Brass，1995)。由点度中心性衡量的网络中心性测量个体在整个社会网络中的"活动"(Freeman et al.，1979)。接近中心性测量个体在社会网络中与其他个体的直接连接情况(Brass，1995；Wasserman and Faust，1994)，中间中心性则测量与个体经常交流的个体数(Brass，1995；Wasserman and Faust，1994)。

菲利等(Feeley et al.，2008)将点度中心性定义为个体在组织中的直接连接数占其在组织中所有可能连接数的比率。很高的点度中心性意味着个体在网络中很受欢迎，与其他个体有着积极的交流。而在企业里，当一个员工有着很高的点度中心性时，通常意味着该员工与组织中很多员工保持着直接联系，因此在组织内具有威望和影响力(Blau，1964)。其他员工不断寻求他的帮助，使得他们觉得欠了他的人情，如果这些员工还不了人情，他们就会尊重该员工，该员工赢得了很高的威望，增加了相应的权力。

接近中心性是"网络中一个节点与其他节点接近的程度，或一个节点到达其他节点的容易程度"(Brass，1995)，其程度高低通常通过与其他节点直接连接和间接连接的路径距离的平均值来衡量。一个个体的接近中心性如果较高，表示其处于网络的中心，一般只需要经过很少的人就能联系上其他中心人物或关键人物。沃瑟曼和浮士德(Wauserman and Faust，1994)指出，接近中心性是个体与其他人快速连接的能力，个体接近中心性的程度越高，表明其在社会网络中与其他个体有效交流的潜力越大。弗里曼等(Freeman et al.，1979)的研究表明，接近中心性程度较高的个体比社会网络中的其他个体拥有更高的"独立性"。

中间中心性代表了个体想要在社会网络中处在其他成对的关系中间（中间人）的倾向（Feeley et al.，2008）。布拉斯（1995）认为，中间中心性表示某一节点如何在网络中成为关系的中介。当个体处在网络中间的位置时，信息和资源要经过他才能到达不同的隔离着的个体或网络，这使他具有了高度的控制力，他能够控制信息和资源的流向（Ibarra and Andrews，1993）。弗里曼等（1979）也提到，中间中心性是对个体在一个更大的社会网络中“控制度”的测量，因为某一节点是其他两个节点在最短路径中进行交流的中介，如果它不存在，另外两个节点因为存在结构洞而无法交流。此外，具有较高中间中心性的个体还具有信息优势（Burt，1992）。这些个体所获得的大量的独家消息使得他们能够快速接收信息，并通过对信息源头的比较来确定信息的准确度。较早地接收到信息使得他们能够及时把握机会，而且他们的地位也会让他们成为较好地把握机会的候选人。除了信息优势，处在中间位置的个体还能够更好地整合网络中的资源。这些不同的网络或个体资源并不直接相连，无法做到彼此了解，处在关键位置的个体却能将互补的资源整合起来，找到解决问题的最好办法（Burt，1997）。

上述三个维度从不同的方面描述了个体在网络中的中心性位置，本书所研究的观察者分销商的网络中心性整合了这三个维度对中心性的定义。具有较高网络中心性的观察者分销商处在分销网络的中心位置，与分销网络中很多分销商都有着直接的联系，能够快速而有效地与网络中的其他分销商进行交流，并控制关键信息和资源的流向。因此，中心分销商在分销网络中很受欢迎，有着较高的威望、较大的权力与影响力，并比其他分销商更加独立，对信息和资源有着更强的控制度。

三、网络中心性的有关研究

社会网络理论中有关结构嵌入的文献讨论了社会网络的结构因素以及个体或组织在网络中所处位置对个体或组织行为的影响，其中一个衡量个体在社会网络中所处位置的结构变量就是网络中心性。网络中心性概念被提出之后，有学者将其应用在企业内部和企业之间的治理中，因为在企业内部，员工构成了一个社会网络，员工在网络中的位置说明了其在社会网络中融入或同化的程度（Feeley et al.，2008；Jablin，1987），具有较高中心性的员工有更多的连接和组织交流，表现为高度的满意和快乐，从而表现出更高的组织承诺（Feeley et al.，2008）。另外，具有较高网络中心性的员工还会更多地处在消息圈内，能够更多地得到组织支持，从而表现出较低的离职率（Feeley et al.，2008）。布拉斯（1985）提出，组织中处在中心地位的个体比其他同事的表现要更好。

而在企业之间，企业与企业相连接也构成了一个社会网络，一家企业在社会网络结构中的中心性位置反映了该企业通过其所拥有的众多关键性连接而在网络中所占据的重要战略地位。中心性企业比非中心性企业拥有更多的连接，从而拥有更多获取信息的来源。这些信息既可能来自与其直接相连的企业，也可能来自与其间接相连的企业（Granovetter，1973）。由于中心性企业拥有更多的信息来源，比其他企业更加了解最新的商业动向和整体商业环境（Useem，1984），从而能够更加快速地对环境变化做出反应。还有学者认为，具有较高网络中心性的企业因为控制关键信息和资源的流向，能够在一定程度上改变网络中其他企业的预期和行为（Uzzi，1997）。此外，具有网络中心性的企业还具有更多的竞争优势，能够更好地完成重要任务，并有可能更早地实施创新（Galaskiewicz，1979；Burt，1982）。还有，处在网络中心位置的拥有更多连接的企业，比其他企业的成长空间更大，更容易获得成功，因为这样的企业更容易获得网络中其他企业的信任。

我们从以上有关网络中心性的研究中可以看到，处在社会网络中心位置的个体或企业拥有更大的权力和信息优势，容易表现出更好的绩效、影响力和合作关系。在分销网络中，具有较高中心性的分销商同样也会由于自己在网络中的权力和信息优势而对供应商给予获奖分销商的奖励拥有不一样的感觉与评估。由于获奖分销商比其他分销商更容易获得高绩效，使得它认为自己更容易获奖，因此会降低奖励大小所带来的差距性感知。同时，其中心性地位也使该获奖分销商认为自己比其他分销商更容易得到供应商的公平对待，从而增加奖励公平性给其带来的影响。

四、网络中心性研究述评

网络中心性是社会网络理论中的结构变量，代表个体在网络中的中心性程度（Brass，1995）。高网络中心性个体在网络中更加活跃（Freeman et al.，1979），能够控制网络内信息和资源的流动，具有较大的权力和影响力。高网络中心性个体在网络中占据着关键地位，故而网络中其他个体也对其有所依赖，以获得有效的交流，因此高网络中心性个体又具有一定的独立性和控制力（Freeman et al.，1979）。由于现有研究大多是从双边视角研究奖励的作用机制，没有考虑网络环境对奖励效果的影响，所以网络中心性是学者们考虑网络环境的影响时关注的一个非常重要的变量。

分销网络中奖励机制对观察者分销商的治理效果不仅受奖励本身特征的影响，还受观察者分销商网络中心性的影响，本书从多边视角探究奖励的观察者效应，研究观察者分销商网络中心性对奖励特征和其嫉妒情绪关系的影响，旨在拓宽网络中心性有关研究的应用领域。

第五节　对现有研究的总体评析

本章对有关文献的梳理，可做如下归纳：

第一，企业激励治理机制一直以来备受学术界和实业界的关注，迄今为止已经形成大量的研究文献和多种研究框架。从研究现状来看，大部分现有文献都是从双边视角研究激励的作用机制的。激励在双边关系中的作用机制可以解释奖励对获奖分销商的刺激作用，即供应商奖励可以降低信息不对称的风险，并通过使获奖分销商和供应商的利益达到一致来促使获奖分销商采取合作行为。双边视角下的激励机制不能够解释多边关系中奖励对其他分销商的激励作用。虽然现有少量研究从多边视角对激励机制进行了探讨并且证明激励机制在纵向网络上有溢出效应，但是没有研究成果证明激励机制在横向网络上如何形成溢出效应。横向分销网络与纵向网络的特征不同，纵向网络中激励的作用机制无法用来解释横向网络中奖励对其他分销商的示范和激励作用，因此本书需要从其他理论角度来解释横向网络中奖励的溢出观察者效应。另外，通过对现有与奖励相关的研究进行梳理，我们发现现有文献主要从奖励大小角度研究了奖励在双边关系中的激励作用，即奖励大小与奖励的激励作用成正比。但在多边关系下，观察者分销商不仅对奖励大小有直观感受，还能够通过比较对奖励公平性产生主观感受。因此，本书将把关于奖励的研究视角从双边拓展到多边，研究奖励大小和奖励公平性对观察者分销商的激励作用。

第二，以往关于嫉妒的研究大都集中在企业内部治理领域中。善意嫉妒能够促进个体向上的努力，表现为更多的合作性，而恶意嫉妒促使个体进行恶意报复，表现为更多的破坏性。处于分销网络中的分销商也会进行比较，而奖励事件会引发分销商之间的相互比较。根据社会比较理论，当个体想得到某种东西，而那些与自己相似的其他个体得到了自己梦寐以求的东西时，该个体就会产生嫉妒情绪。但是嫉妒是否会成为奖励机制对观察者影响的中介解释机制，嫉妒是不是促使观察者分销商采取不同关系承诺水平的内在动因，供应商能否通过利用嫉妒的正面效应来减少嫉妒的负面效应进而管理其与观察者分销商的关系，现有的研究很少涉及这些问题，我们需要对这些问题系统地探讨。

第三，由于营销渠道的一个重要环节就是增加企业对渠道关系的承诺，因而本研究拟运用观察者分销商的关系承诺水平来衡量多边视角下奖励的激励效果。现有研究主要是从宏观组织战略层面考察影响企业关系承诺的因素，较少着眼于心理因素来分析组织采取良好合作行为的内在动机。由于在多边环境中，观察者分销商在评估奖励大小和奖励公平性时会进行社会比较从而产生各种情绪，于是引起了不同的合作行为。因此，本书认为多边关系中奖励所引发的不同嫉妒情绪形成了观察者分销商不同的关系承诺水平。本书将从心理层面探讨企业关系承诺的形成原因。

第四，大量关于社会网络的理论证明，网络中心性是考虑网络要素时非常重要的一个变量。处在中心位置的分销商会基于其中心性地位产生的信息、资源和权力优势而对奖励的不同特征有不同的评估，具有不同网络中心性的观察者分销商也会对奖励的不同特征有不同的情绪反应。然而现有文献并没有研究社会网络的结构因素——网络中心性——对奖励机制的影响，故而本研究在探讨奖励机制的观察者效应时将系统考察网络中心性的调节作用。

第三章 理论模型和研究假设

本研究借鉴唯物辩证法的有关原理，拟从内因出发，引入社会心理学因素，从观察者分销商的情绪角度探索影响观察者分销商关系承诺的内在动机，并挖掘奖励激励措施在分销商网络中的作用机制。考虑到多边视角下的奖励激励治理机制与双边视角下奖励激励治理机制的作用方式不同，我们应该从新的角度挖掘激励机制观察者效应形成的原因。本章从理论基础、理论模型和研究假设等方面加以分析。

第一节 理论基础

在双边关系中，奖励主要通过经济激励机制促进获奖分销商的合作行为，而在多边关系中，奖励主要通过社会比较这一社会因素来对观察者分销商产生激励作用。为了全面系统地认识激励治理机制，本章以社会比较理论和社会网络理论为基础，对奖励激励机制的观察者效应进行研究。社会比较理论揭示了多边环境中奖励的作用原理，即奖励机制促发社会比较，进而对观察者分销商的情绪和行为产生影响。在此基础上，本章将社会比较嵌入社会网络中，社会网络理论揭示了社会网络的结构因素如何影响观察者分销商对奖励的情绪反应。下面对本研究的主要理论进行介绍。

一、社会比较理论

理论家们早就注意到社会比较过程对个体态度、情绪和行为的形成的重要性(e. g. , Kelley, 1952; Festinger, 1954; Adams, 1965)。这些文献大多源自 20 世纪 50 年代的“参照群体”的研究。这里的参照群体是指“一个人在自我评估或形成态度时作为参照标准的一个群体”(Shaver, 1987)。这方面的研究着重强调了参照群体对社会准则和结构形成的作用，以及参照群体在个体态度、信念、价值和行为的形成过程中所扮演的角色(e. g. , Merton and Rossi, 1968)。参照群体影响个体的方式有两种，一种是通过规范压力，另一种是通过社会比较(Kelley, 1952)。规范压力是指小组产生了一些控制行为的期望，并通过奖励和处罚来实现期望。然而参照群体不仅提供了对行为的期望，还提供了社会比较的基础。最早有关社会比较方面的研究可以在西方哲学、社会心理学和社会学等领域中找到，直到费斯廷格(1954)有关社会比较理论的经典研究出现，研究者们才开始大量研究个体如何与其他个体相比较，为什么要做出这样的比较，以及比较所产生的结果等。

1. 社会比较的假设和条件

根据费斯廷格(1954)的研究，社会比较理论有两个基本的假设。第一个假设是，人有去评估他人态度、观点和能力的动机；当客观标准不存在时，如信息环境模糊、不明确、非结构化，这个时候的评估来自与其他人的比较。该理论的主要假设是，当个体在做出比较时，倾向于与相似的个体进行比较。个体之所以倾向于与相似的个体而不是与非相似的个体进行比较，是因为相似的个体能够提供充足的和相关的比较信息，使得评估成为可能。

如果个体以不相似的个体作为比较的参照物，那么所得到的评估结果只能是：彼此的观点和能力是不同的。同时，还有学者用实证的方法验证了“相似性”的假设。津巴多和莱比（Zimbardo and Leippe，1991）提出，当观点更多地以事实为基础而不是以评价为基础时，或者当个体害怕无价值感时，他才更愿意与不相似的个体进行比较。

费斯廷格（1954）在有关社会比较理论的经典文献中提到社会比较理论的第二个假设，即“单方向的向上比较”。个体，特别是在西方文化中，总是希望提高自己的能力。当它与相似的对象进行比较时，向上比较的愿望使得个体努力比所比较的对象做得更好（Wood，1989）。有很多的研究支持这一假设（e. g.，Lockwood and Kunda，1997；Mussweiler and Strack，2000），但是也有学者认为，不管是个体选择与相似个体进行比较，还是选择与比自己好的对象进行比较，都取决于个人动机（Wood，1989）。

在分销网络中，共同销售同一家供应商产品的分销商有着相似的目标和处境，符合相似性的特点。另外，奖励引发了观察者分销商与比自己处境更好的获奖分销商之间向上的比较，因此在分销网络中的奖励事件满足社会比较的假设和条件，能够引发分销商之间的社会比较，从而可以用社会比较理论来解释奖励事件对观察者分销商情绪和行为的影响。

2. 社会比较的动机

社会比较理论中的一个重要方面是社会比较的动机。费斯廷格（1954）的研究大多专注在自我评估（评估个人观点的效度和评估个人的能力）方面。一些有关社会比较理论的研究认为，人们还会出于其他原因——如自我提高（提高个人能力）和自我扩张（保护个人自尊）——而进行比较。

根据费斯廷格（1954）的观点，个体在自我评价时，主要关心的是评估个体的能力、观点或者个人特征的准确性或价值。个体通过与相似的个体进行比较并评价自我，以便能够准确地评估利益的标准。以前有关自我评价的比较的文献大多用的是评级方法。在这些研究中，被试首先得到一个错误的信息：个体与其他个体的得分相比处在评级系统中的中间位置，然后被试得到机会去看其他人的得分，常常要求去看与自己等级相似的人的得分。

自我提高的动机来源于个体想要学习如何提高某项品质，个体在这个时候往往会进行向上的比较（与那些在某些品质上表现更好的个体进行比较），这和费斯廷格（1954）提出的单纯向上比较的观点是一致的。研究表明，这方面的比较既可能有正面的结果也可能有负面的结果，即向上比较既可能引发个体对自己的不满，从而引发愤怒、嫉妒等负面情绪，也可能引发个体对比较对象的欣赏，进而激发其进行自我提升（Lockwood and Kunda，1997；Wills，1981）。

而自我扩张比较的结果则相对稳定（Collins，1996）。当个体想要努力维持有偏差的自我正面的评价或者想要提高他的自尊时，就会进行自我扩张的比较（Martin and Gentry，1997）。为了达到这一目的，个体常常做出向下比较——与那些在感兴趣的品质上表现较差的个体进行比较（Wills，1981）。这是因为向下比较能使一个人自我感觉良好，或者对他们所处的环境感觉良好（Wood and Taylor，1991）。向上比较也能起到自我扩张的目的。当个体专注于与向上比较的对象的相似点，进而得出自己也会得到相似结果的结论时，就加强了自我的正面评价。研究发现，那些经历过失业、婚姻问题、一般的压力和密集任务的人认为，他们的处境比其他人的处境要好。

在分销网络中，奖励会引发观察者分销商的自我评价，观察者分销商会通过与获奖分销商的比较来评估自己的绩效水平以及自己在分销网络中的地位。观察者分销商可能会因为没有获奖而感到自己的价值没有受到重视，从而产生嫉妒的负面情绪，进而导致较低的关系承诺水平。同时，由于奖励使得获奖分销商的地位更加优越，这会促使观察者分销商产生自我提高的动机，进行向上的社会比较。向上的社会比较既有可能引发观察者分销商的不满、敌意，产生恶意嫉妒，进而降低其合作水平，也有可能引发其对获奖分销商的欣赏，产生善意嫉妒，进而激发其合作行为，以促进自我提升。

3. 向上比较所产生的不同结果

不同的动机会引起个体进行向上或向下的比较，不管是向上比较还是向下比较，都混合了各种不同的情绪的反应。积极的情绪往往能够给个人和组织带来好处，而消极的情绪则会扰乱人心，常常给组织带来有害的结果。如果人们不能通过传统的方法减少负面情绪、重建自尊，就可能做出不正常的、敌意的甚至是暴力的行为。

奖励所引发的是一种向上比较，既会产生积极的反应，也会产生消极的反应。有一部分学者认为，向上比较会产生消极的情绪结果（Wills，1981）。在他们看来，向上比较常常导致自我紧缩或者丧失信心，因为一个人要被迫面对自己低人一等的方面（Wood，1989）。向上比较还会导致对自我的不满，进而发展出对比较对象消极的嫉妒情绪（Schaubroeck and Lam，2004）。另一部分学者认为，向上比较在某些情境中会产生积极的结果。例如，当个体能够观察到擅长某一任务的专家（e. g.，Blanton et al.，1999），或者当个体看到别人成功（Huguet et al.，1999），或者当能力是不相关的（Tesser，1988），或者当个体观察到别人表现优秀时，观察者自觉地激发自己的潜能（e. g.，Lockwood and Kunda，1997）。

以上两种向上比较的结果，可以通过比较作用的两种效应来解释（Buunk et al.，1990；Mussweiler et al.，2004）。当比较的个体专注于双方之间的相似度时，就会产生同化效应，这是积极的情绪和行为反应（Lockwood and Kunda，1997）。而当个体专注于双方之间的差异性时，就会产生反差效应，这是消极的情绪和行为反应（Collins，1996；Mussweiler et al.，2004）。本研究用善意嫉妒、恶意嫉妒来衡量奖励所产生的积极反应和消极反应。

在分销网络环境中，奖励所引发的向上比较既有可能带来积极的结果（如增强观察者分销商的努力和合作），也有可能导致消极的结果（如做出损害供应商乃至整个分销网络的非伦理行为）。这取决于社会比较所引发的观察者分销商的不同的嫉妒情绪。本研究认为，奖励的社会比较所产生的善意嫉妒会促使观察者分销商保持较高的关系承诺水平，而恶意嫉妒则反之。当观察者分销商与获奖分销商进行向上的社会比较时，会出现两种情况：如果专注于双方的相似性，观察者分销商就会产生善意嫉妒，进而做出合作性的自我提升；如果专注于双方的差异性，观察者分销商就会产生恶意嫉妒，进而做出非合作性的破坏行为。

4. 公平与社会比较

尽管公平理论与社会比较理论是两种不同的理论，两者却有着极大的关联。公平理论在组织内有着广泛的应用（Adam，1965），主要用来探究不公平和员工工作不满意的关系。公平理论认为，组织内的个体通过与组织内其他个体就投入产出比进行比较来了解组织的公平性。不公平常常导致不满意、愤怒和愧疚等负面结果（Miner，2007）。因此，公平的感受是通过比较得来的，但是公平理论没有对比较的具体过程进行描述。公平理论往往被拿来解释薪酬满意度和分配公平性方面的问题，但却没有直接去解释员工进行相互比较后的反应。根据公平理论，分配不公平只会导致负面结果，个体认为其他员工不配得到他们所获得的奖励，而过程公平在评估其他员工配不配获得该奖励上扮演了重要的角色。如果组织做出奖励决策的过程是公平的，就可以弥补个体在结果分配上觉察到的不公平，所以个体对分配公平性和过程公平性的感知能够影响社会比较的结果。

综上所述，社会比较理论证明了个体有通过与其他个体比较来进行自我评估、自我提高和自我扩张的倾向。与相似的个体进行比较，使得个体能够准确地评价自身的情况，在此基础上，向上的比较能够使个体得到自我提升，而向下的比较能够使个体得到自我扩张。社会比较还会带来各种复杂的情绪反应，正面或者负面的情绪会相应地引起正面或者负面的行为。另外，个体通过社会比较感知公平性，也会对情绪产生影响。在分销网络中，各分销商面对同一家供应商，销售相同的产品给有相同需求的顾客群，因而分销商之间具有一定程度的相似性。由社会比较理论可知，这些分销商有与其他分销商进行比较的倾向，以对自我的地位和处境进行评估。当某一分销商获得奖励时，获得的奖励大小会引发其他分销商的向上比较，引发积极的善意嫉妒或消极的恶意嫉妒。善意嫉妒和恶意嫉妒进一步促使观察者分销商处于不同程度的关系承诺水平。善意嫉妒会提高观察者分销商的关系承诺水平,而恶意嫉妒则会降低观察者分销商的关系承诺水平。而观察者分销商对奖励分配公平性和奖励过程公平性的觉察也来自社会比较,并形成不同的嫉妒情绪结果。因此,本书依托社会比较理论研究分销商获得的奖励大小和公平性如何启动其他观察者分销商的社会比较,进而引发观察者分销商善意嫉妒、恶意嫉妒的情绪,从而改变其对关系的承诺。

二、社会网络理论

供应商与分销商的双边关系受到外在环境和事件的影响,网络环境便是影响因素之一。供应商和分销商的关系是更广大的网络关系的一部分。从概念上来说,一个网络包含很多节点和把不同节点连接起来的关系形式(Iacobucci and Hopkins, 1992)。例如,在现实中,一家汽车制造商往往通过几千个独家经营的汽车分销商来销售其生产的汽车,这样的分销网络中便包含了很多个供应商—分销商的双边关系。当供应商对某一分销商实施奖励时,不仅会影响该获奖分销商,还会影响其他分销商的行为反应。当将奖励的双边视角拓展到多边视角研究观察者分销商对奖励的反应时,观察者分销商在分销网络中的中心性位置也会影响其对奖励的评估进而影响其行为反应。上一部分的文献综述已对网络中心性的概念和有关研究进行了回顾,接下来本部分将用社会网络理论解释网络中心性对奖励观察者效应的影响的主要逻辑,具体将介绍社会网络理论在营销研究中的应用、社会网络的概念、网络的关系和结构层面,以及社会网络理论在本研究中的应用。

1. 社会网络的定义

社会网络理论最初来自社会学,被大量用在组织理论中来解释个体和组织间的关系。后来,社会网络理论被越来越多地应用到营销研究中,解释营销组织的结构、双边企业关系及关系营销(Antia and Frazier, 2001; Iacobucci and Hopkins, 1992; Wathne and Heide, 2004; Hakansson and Snehota, 1995)。在供应商—分销商的双边关系中,网络环境为其提供了一种介于纯粹市场和层级制之间的治理结构。现有研究认为，网络结构会影响双边的权力和合作（Iacobucci and Hopkins，1992），以及新产品联盟中信息的获得（Rindfleisch and Moorman，2001）。尽管现在有大量文献研究了网络的关系和结构因素对双边关系治理的影响，但是很少有研究从网络视角研究奖励对观察者分销商的作用机制。由于网络中的各个分销商都有类似的结构连接（Rindfleisch and Moorman，2001），但其所处的位置不一样。因此，本书研究观察者分销商的网络中心性对奖励观察者效应的影响。

社会网络理论，又被称作网络理论或网络分析，用来检测网络中节点之间的社会关系。社会网络理论的一个中心假设是网络中的节点并没有节点之间的关系或连接重要（Borgatti and Li，2009）。一般将网络中的个体定义为“节点”，个体间的关系定义为“连接”，简单来讲，社会网络就是所有相关节点的连接的总和。此外，学者们对社会网络理论还有其他不同的定义，有关社会网络的定义总结见表 3-1。

表 3-1 社会网络定义之比较

学　者	定　义
劳曼等（Laumann et al.，1978）	一组节点，如人或组织，通过社会关系（如朋友、成员重叠等）以特别的形式连接
托雷利（Thorelli，1986）	具有长期交换关系的两个或两个以上的组织，而组织间所建立的关系既不是通过市场机能而进行的交易关系，也不是在同一正式组织结构中的官僚阶层关系，而是介于两者之间
约翰逊和马特森（Johnson and Mattson，1987）	社会网络是一群彼此依赖的企业所形成的关系，此种关系隐含了网络中专业分工、互动与调试、合作与竞争关系共存的意义
贾里洛（Jarillo，1988）	组织的一种模式，使网络内组织的管理者或者企业家可以拥有其自身的竞争优势
英克彭和曾（Inkpen and Tsang，2005）	提供企业获取知识、资源、市场或科技的通道

因此，本书研究的分销网络也是一种社会网络。在这样一个分销网络中，供应商与众多分销商彼此相互连接构成了整个分销网络。由于供应商

和分销商具有不同的资源优势和专业分工，彼此间的社会交换能够给它们带来更多的利益，因而供应商和分销商都会投身于分销网络之中进行交易。另外，根据现有研究可知，网络成员间关系和结构层面因素都能够影响该网络成员对资源的获取以及其与其他成员间的互动关系，大部分研究是从关系和结构两个方面探讨网络因素对企业行为的影响的。这里重点对网络中的关系和结构因素做进一步的论述。

2. 关系和结构因素

网络理论认为，经济行为受其所嵌入的社会关系影响，同时也受到组织在网络中的位置的影响(Gulati, 1998)。因此，一般认为，可以从网络节点间的关系和结构两个方面来研究整个网络的特征(Granovetter, 1985)。格兰诺维特(Granovetter, 1985)认为，对社会网络的关系和结构的探究能够给整个社会的日常工作与经济活动带来各种启示。博加蒂和李(Borgatti and Li, 2009)也认为，不管双边的节点是不是互相认识，其相互连接都形成了不同的路径长度，提供了节点相互影响的方式。另外，节点在网络中所处的位置也会对节点产生影响(Borgatti and Li, 2009)。

网络中的关系的强度代表了关系的好坏。当衡量个体在社会网络中的社会资本时，不仅要考虑它与哪些个体相连(结构层面)，还要考虑它与这些个体的关系有多好(关系层面)。关系的好坏用直接连接的强弱来表示(Granovetter, 1973)，强连接表现出紧密、频繁、信息资源冗余的特征。格兰诺维特(1973)认为，强连接构成了高密度的网络，而弱连接由松散的人群构成。由于弱连接所连接的个体处在不同的网络系统中，因而弱连接能给个体带来各种不同的知识和信息。关系的强弱决定了企业能从渠道网络中的其他成员那里获得资源的多少。

网络中的结构是指“人与人之间或者单元与单元之间连接的非人格结构”(Nahapiet and Ghoshal, 1998)，强调个体在网络中的位置所具有的信息价值。网络中的信息不仅通过直接的连接进行传递，还通过整个网络结构进行传递。结构的信息优势表现在网络的中心性和密度上(Wasserman and

Faust, 1994),有很多连接的个体会得到更多的信息,从而具有更大的控制力(Krackhardt, 1992)。因此,网络结构指标代表了个体在网络中所能获得的不同信息的种类和数量。

综上所述,社会网络理论解释了网络中成员的交流互动和资源分配。企业在社会网络中通过社会交换会获得一系列的好处,例如信息好处、社会资本和情感支持等。而个体从社会网络所拥有的关系和结构两个方面来衡量网络带来的社会资本。在本书的分销网络背景中,供应商和多个分销商共同构成了一个社会网络,分销商在网络中都有类似的结构连接(Rindfleisch and Moorman, 2001),即关系强度差别不大。因此,本书不研究网络关系因素对奖励观察者作用机制的影响。在结构方面,所有分销商共处于一个分销商网络之中,其网络密度一致,而观察者分销商在网络中所处的位置不一样,即网络中心性会有不同。

3. 社会网络理论在本研究中的应用

网络中心性可通过点度中心性、接近中心性和中间中心性三个维度来衡量。具有较高网络中心性的分销商表现为与其相连的企业数量比较多,能够快速与网络中的其他企业进行交流并接收信息,能够有效地把其他企业连接起来(Freeman, 1979)。这说明中心分销商有较多的信息来源,能够更快地得到有关信息,并且相较于其他分销商而言,中心分销商具有较大的独立性和影响力(Freeman, 1979; Useem, 1984)。一方面,中心分销商的中心位置所带来的信息优势使其能够更加便利地整合各种资源以及应对各种环境的变化,从而获得较好的绩效表现(Buunk et al., 1990)。因此,当供应商给予分销网络中某一分销商奖励时,具有高度网络中心性的观察者分销商对获奖分销商的成就较少感到威胁。它很容易获取获奖必需的相应信息和资源,从而获得同样的成就,因而较少表现出对获奖分销商的嫉妒。另一方面,中心分销商控制着关键信息和资源的流向,具有较高的影响力,能够在一定程度上改变网络中其他分销商的预期和行为(Uzzi, 1997),所以具有高度网络中心性的观察者分销商相信自己更容易受到供应商的公平对待，从而加强了公平性对嫉妒情绪的影响，表现为强化分配公平性对恶意嫉妒的抑制作用、过程公平性对善意嫉妒的加强作用。另外，中心性带来的信息优势还能加大过程公平性的效用，其能够轻易获得获奖过程所需要的信息和资源，从而更容易获得奖励，增加过程公平对善意嫉妒的正向影响。

第二节 理论模型

通过上文的文献综述和理论梳理可知，在双边关系中，人们常常使用代理理论和交易成本理论来解释奖励的作用机制。代理理论和交易成本理论认为，通过经济的刺激能够使供应商和分销商在利益与目标上达到一致，并在一定程度上减少信息不对称、信息不充分带来的评估和适应问题，从而提高获奖分销商对供应商的关系承诺水平。

传统的双边研究是把供应商和获奖分销商关系作为一个分析单元来研究奖励对该焦点供应商—分销商关系的影响，只能解释奖励对获奖分销商的激励作用。而在现实中，供应商在实施一项奖励时，不仅希望直接激励获奖分销商，还希望起到示范作用以激励其他分销商。现有研究较少涉及对奖励的示范作用即奖励的溢出观察者效应的研究。由于奖励只是针对优秀的分销商，其他的分销商并没有得到物质或精神的好处，因而双边关系中奖励的经济激励作用无法解释奖励对其他分销商的激励或影响效果。

本书认为，可以运用社会比较理论来解释奖励对分销网络中其他分销商的作用效果。分销网络中的分销商常常通过社会比较来评估自己的价值（Festinger, 1954），而奖励的发放则可以激发分销商之间进行相互比较。例如，分销商之间常常通过比较各自获得的奖励大小和奖励的公平性来更加准确地评估自己的绩效水平以及自己在分销网络中的地位（Judge and Ferris, 1993）。分销商对奖励公平性的衡量也是通过比较得到的。因此，奖励大小和奖励公平性都会引发分销网络中的社会比较（Vecchio, 2005），在考虑奖励大小和奖励公平性对分销商的激励作用时，我们无法不考虑分销商在互相比较后受到的社会比较影响。根据社会比较理论，社会比较会引发个体不同的情绪反应进而影响个体的行为(Van de Ven et al.，2009)。由于奖励所造成的分销商之间的差距是嫉妒情绪的根源，本研究认为，奖励大小和奖励公平性会通过引发观察者分销商不同的嫉妒情绪(包括善意嫉妒和恶意嫉妒)来影响观察者分销商的关系承诺水平。

具体而言，当奖励的力度越大时，虽然能够较好地激励获奖分销商，但却会加大其他分销商与获奖分销商的差距，增强观察者分销商的匮乏感和次级感，从而增添其嫉妒情绪。当观察者分销商认为其在未来通过努力能够达到获奖分销商同等的待遇或地位时，就会欣赏获奖分销商的成就，表现为善意嫉妒的增强(Lockwood and Kunda，1997)。而当观察者分销商专注于自己与获奖分销商的差距，并认为自己的处境和能力无法立刻达到与获奖分销商同等的待遇或地位时，就会憎恨获奖分销商的成就，表现为恶意嫉妒的增强(Collins，1996；Mussweiler et al.，2004)。奖励分配公平性是指观察者分销商感知到的获奖分销商所获奖励与其付出的一致性，由此增强其对获奖分销商的获奖正当性的感知，进而使得观察者分销商的恶意嫉妒减少。关于奖励过程公平性对善意嫉妒的正向影响，笔者将在下面的“研究假设”部分进行详细论述，此处从略。

善意嫉妒和恶意嫉妒会因为不同的行为动机而产生不同的结果(Epstein，2003；Sundie et al.，2009；Van de Ven et al.，2011)。当观察者分销商对获奖分销商持有恶意嫉妒时，其具有“向下拉”的动机，即采取非伦理和竞争性的方式去谋取自身的利益，进而损害供应商的利益，降低关系承诺水平。而当观察者分销商对获奖分销商持有善意嫉妒时，其具有向上的动机，会将获奖分销商当作自己的行为榜样，努力提高自己的绩效，以达到与获奖分销商同样的成就，表现为积极地同供应商合作，即保持较高的关系承诺水平。因此，根据社会比较理论，本书认为奖励大小可以通过增加观察者分销商的善意嫉妒和恶意嫉妒来对其关系承诺水平产生影响，奖励分配公平性通过减小观察者分销商的恶意嫉妒来提高其关系承诺水平，而奖励过程公平性通过增加观察者分销商的善意嫉妒来提高其关系承诺水平。

另外，奖励所引发的社会比较被嵌入分销网络中，会受到分销网络结构因素的影响。观察者分销商在分销网络中的中心性位置不同，会影响其对奖励大小和奖励公平性的感知，从而对同样的奖励大小和奖励公平性有着不同的嫉妒情绪反应。中心分销商在网络中处于关键位置，感觉到总是能够通过努力达到更好的结果或者避免不好的结果(Buunk et al.，1990)，从而降低奖励力度小造成的匮乏感和次级感。同时，中心分销商相信，自己凭借在分销网络中的威望和地位，会得到供应商优先的公平对待，并更好地利用过程公平，从而增强奖励公平性对其善意嫉妒和恶意嫉妒的影响。

基于上述分析，本研究得出如图 3－1 所示的基于社会比较理论和社会网络理论的奖励的溢出观察者效应的理论模型。

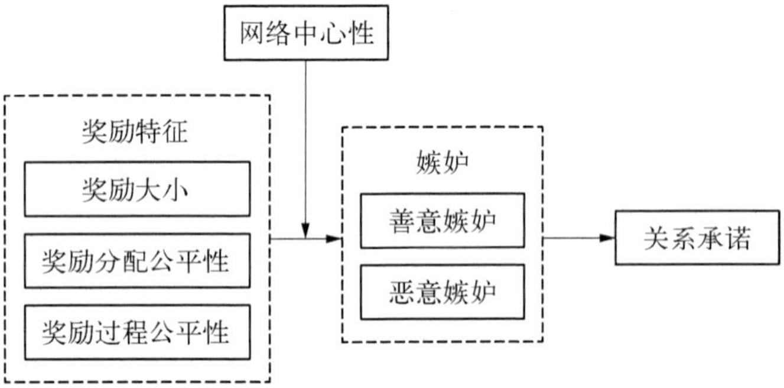

图 3－1　理论模型

第三节　研究假设

通过上文的文献综述和理论梳理，我们可知：奖励引发的向上社会比较会对观察者分销商的关系承诺产生重要影响。本研究提出，奖励所带来的社会比较会通过善意嫉妒和恶意嫉妒形成不同的关系承诺水平。奖励大小、奖励分配公平性和奖励过程公平性会不同程度地影响善意嫉妒与恶意嫉妒。善意嫉妒与恶意嫉妒进一步引发不同的行为倾向，例如更多的绩效努力或者收回努力甚至损害与供应商的合作关系，即表现为不同的关系承诺水平。社会网络的结构因素——网络中心性——会决定观察者分销商掌握的信息、资源、权力和威望，从而改变奖励所带来的情绪反应。

接下来的假设分为如下几个部分：(1) 奖励大小如何影响善意嫉妒和恶意嫉妒；(2) 奖励公平性如何影响善意嫉妒和恶意嫉妒；(3) 不同的嫉妒情绪(善意嫉妒和恶意嫉妒)是否会形成不同的关系承诺水平；(4) 善意嫉妒和恶意嫉妒是否作为奖励的不同特征和关系承诺的中介；(5) 分销商网络的结构因素即网络中心性如何调节奖励特征和不同嫉妒情绪反应的关系。

一、奖励大小与嫉妒

交易营销的一个基本观点认为，人是自我效用的最大化者，即人具有自利的倾向。行为学中有大量的反面例子普遍认为，奖励会激发获奖者的行为，而且奖励力度越大，这种激发效果也越强(Klein and Leffler, 1981)。因此，企业经常使用奖励措施来激发内部员工或合作伙伴的行为。现有文献对奖励的观察者效应鲜有研究。然而一般而言，分销网络中的分销商是相似的个体，各分销商经常通过相互比较来达到自我评估的目的。奖励措施的出现更会激发社会比较。由于人有自利的倾向，所以奖励是人人都希望获得的利益，代表了一种成就和对自己努力的肯定。然而供应商对某一分销商的奖励措施，使得该分销商获得了奖励，其他分销商则没有获得这一奖励，自然会产生一种匮乏感，以及想要获得同等待遇的希望落空所带来的失落感，这些都是观察者分销商的嫉妒情绪产生的条件。

观察者分销商在与获奖分销商进行向上比较时发现，自己缺少这一经济奖励，这种匮乏感和次级感就会导致嫉妒。观察者分销商的嫉妒会有两个方面的表现：

一方面，观察者分销商会感到奖励的价值，想要像获奖分销商一样得到奖励(Foster, 1972),这是嫉妒的一种积极表现形式,即善意嫉妒。这时观察者分销商会效仿获奖分销商的行为,希望得到同样的奖励(Epstein, 2003)。这种嫉妒的产生源于奖励大小所引发的观察者分销商对与获奖分销商相似性的关注(同化效应)。具体而言,奖励力度很大就表明供应商愿意而且有能力奖励分销商为分销网络做出的贡献。由于观察者分销商和获奖分销商共处于同一个分销网络中,具有相似的地位,这种相似性使观察者分销商有理由相信,只要加强合作,提高自己的绩效水平,就能够在未来获得同样的奖励。奖励的可得性和吸引力激励观察者分销商更加努力以获得奖励,表现为强烈的善意嫉妒。而当奖励越大时,这种想要通过自己努力而达到同等地位的愿望越强,善意嫉妒也越大。

另一方面,当观察者分销商因自己的能力和所处的环境限制自己立刻获得同等待遇时,就会对获奖分销商产生敌意,希望获奖分销商失去其所获得的利益(Foster, 1972; Parrot and Smith, 1993),这是一种恶意嫉妒。这时观察者分销商关注的是奖励造成的自己与获奖分销商之间无法跨越的差距。也就是说,当奖励力度很大时,观察者分销商和获奖分销商地位的不同会加大。如果观察者分销商专注于这一差距,就会导致其产生受到了威胁的想法,认为自己不可能在未来获得同等待遇,最终导致观察者分销商对获奖分销商的恶意嫉妒(Desteno et al., 2006)。例如,随着观察者分销商和获奖分销商的差距增大,观察者分销商认为其在分销网络中的地位会因为别的分销商的较高绩效表现及其所获奖励而受到威胁,从而引发较强的恶意嫉妒。综上所述,供应商对某一分销商的奖励会因为观察者分销商关注点的不同而引发其善意嫉妒或恶意嫉妒,而且奖励的力度越大,善意嫉妒和恶意嫉妒的程度也会越高(Van de Ven et al., 2009)。因此,假设如下:

H1:供应商对某一分销商的奖励力度越大,观察者分销商的善意嫉妒水平就越高。

H2:供应商对某一分销商的奖励力度越大,观察者分销商的恶意嫉妒水平就越高。

二、奖励公平性与嫉妒

奖励大小反映了分销商对奖励措施的直观认识。除此之外，分销商在进行相互比较后，还会得出对奖励公平性的主观认识。公平性是交易中的一条基本原则（Adams，1965）。奖励分配公平性和奖励过程公平性会引发观察者分销商关注奖励的不同方面，从而产生不同的嫉妒情绪。具体论证如下。

1. 分配公平性与恶意嫉妒

在多边环境中，观察者分销商对供应商奖励公平性的认知基于对获奖分销商的投入产出比与自己的投入产出比的比较。在奖励措施激励下，产出则是分销商获得的奖励情况。由于观察者分销商要了解获奖分销商的产出即奖励获得的情况，才能够评估分配公平性的程度，因而观察者分销商更加关注奖励结果，强调双方的差异性（反差效应），即导致观察者分销商的恶意嫉妒。如果观察者分销商在比较过后得出获奖分销商获得的奖励与其投入程度相符的结论，即奖励具有高度的分配公平性时，就会使观察者分销商更加认同其获奖的正当性，从而减少恶意嫉妒（Van de Ven et al.，2010）。但是奖励分配公平性只能说明获奖分销商的投入与其获奖情况是否相符，对获奖分销商的投入与其获奖情况的了解并不能提供任何有关奖励分配政策和决策过程的信息（Kumar et al.，1995）。换句话说，观察者分销商不知道如何才能够达到供应商的要求，以在未来获得同样的成功或获得同样的奖项。由于缺乏详细的方法和过程指导，观察者分销商未能专注在未来与获奖分销商相似的地方上（同化效应），因此奖励的高度分配公平性不能引发观察者分销商的善意嫉妒。综上所述，当奖励具有高度的分配公平性时，观察者分销商一方面认识到获奖分销商应该获得该奖项，其获奖具有正当性，另一方面对未来能否获得同样的奖励没有把握。对正当性的感知能够减少观察者分销商对获奖分销商的恶意嫉妒，而看起来遥不可及的奖励却不能引发观察者分销商的善意嫉妒，以激励其努力达到同样的成功。因此，本研究认为，奖励分配公平性会降低观察者分销商的恶意嫉妒，而不会引发其想要努力减少自己与获奖分销商差距的善意嫉妒，得出以下假设：

H3：供应商对某一分销商的奖励分配公平性越高，观察者分销商的恶意嫉妒水平就越低。

2. 过程公平性与善意嫉妒

奖励过程公平性是指观察者分销商观察到的与奖励分配相关的决策过程的公平性（Luo，2007），具体由以下一些原则来衡量。供应商的奖励分配过程具有公平性，通常会表现为供应商增加与分销商的信息交流，随时了解分销商的需求和态度，以保证奖励的公正性，可以充分地与分销商沟通，阐明获奖分销商获奖的原因；让分销商参与到对奖励过程的控制中来，允许分销商参与奖励实施步骤的决策过程；增加对奖励分配过程的信息披露，可以向分销商阐明下次类似情况的奖励办法；对分销商的工作有较高的熟悉度，非常了解该分销商的业绩信息等（Leventhal，1980；Kumar，et al.，1995；Luo，2007）。

观察者分销商在进行社会比较时，会因为欠缺其他分销商的更好的特质或成就而产生嫉妒的情绪（Foster，1972；Parrot and Smith，1993）。当奖励具有高度的过程公平性时，整个奖励过程是透明的、不偏不倚的，观察者分销商参与了奖励的决策和实施过程，了解奖励发放的标准和原则（Leventhal，1980；Luo，2007）。因此，奖励过程公平性使观察者分销商充分了解到获奖分销商获奖的原因，使其能有针对性地按照标准要求做出努力，从而增加在未来达到获奖标准的可能性。奖励过程公平性高度依赖于供应商的行为（Kumar，et al.，1995），高度的奖励过程公平性表明供应商毫无偏见地对待所有的分销商（Greenberg，1987），并且对分销商的工作和业绩有较高的熟悉度，从而使得观察者分销商相信供应商会在未来根据其绩效水平给予公平的对待（Konovsky and Cropanzano，1991）。基于以上一些原因，在保证供应商的高度奖励过程公平性的前提下，观察者分销商愿意相信在下次类似的奖励方面自己能够达到奖励的标准，从而获得同样的奖励。由于奖励的过程和规则是公平的，供应商的行为是前后一致且公平的，观察者分销商只要按照供应商公布的获奖程序做出相应的努力就能达到获奖目标，最终赢得同样的奖励。这样的话，尽管获奖分销商因为获得了奖励而比观察者分销商处在更加优越的地位，但是奖励过程公平性使观察者分销商认识到获得同样成功的高度可能性（同化效应），这种奖励过程公平性有助于观察者分销商愿意向上努力，进而产生善意嫉妒。另外，观察者分销商对过程公平的认知大部分来自供应商的有关行为和政策，而不需要通过了解获奖分销商的获奖结果而得出（Kumar et al.，1995），即观察者分销商不会把主要精力放在奖励结果造成的与获奖分销商的差距上（反差效应），因而奖励过程公平性不会引发观察者分销商针对获奖分销商的恶意嫉妒。总之，本研究认为，奖励的过程公平性会增加观察者分销商向上努力的善意嫉妒，而不会引发其想要把获奖分销商“向下拉”的恶意嫉妒，得出以下假设：

H4：供应商对某一分销商的奖励过程公平性越高，观察者分销商的善意嫉妒水平就越高。

三、嫉妒与关系承诺

嫉妒总是伴随着想要减小与优越者之间的差距的目标。有趣的是，这个目标可以通过两种途径即通过向上提高自己或向下减损他人来实现。有很多文献研究了嫉妒所具有的负面的效果（Schaubroeck and Lam，2004）。同时，也有文献提到了嫉妒所具有的激励人向上提高的作用，但此类研究不是很多。下面本书重点分析恶意嫉妒、善意嫉妒对观察者分销商关系承诺的负面影响和正面影响。

1. 恶意嫉妒与关系承诺

当人们在进行社会比较并发现自己缺乏他人所拥有的特征、财产和成就时，就会产生嫉妒的心理。恶意嫉妒是嫉妒情绪的一种消极形式，具有恶意嫉妒的人常常会感到沮丧、挫折、敌意和憎恨（Van de Ven et al.，2009），因此较少表现出合作性。另外，恶意嫉妒者还有“向下拉”的行为动机，其倾向于通过非合作性的行为把优越者拉下来，以缩小自己与优越者之间的差距(Van de Ven et al.,2009)。在分销网络环境中,当观察者分销商产生恶意嫉妒的负面情绪时,会发展出竞争性的心理模式,观察者分销商会用非合作性的行为把获奖分销商拉下来,这不仅不利于获奖分销商,还会破坏整个分销渠道的秩序,观察者分销商对供应商表现出较低的配合度,即关系承诺水平降低。例如,观察者分销商持有恶意嫉妒时,为了消除自己没有得到奖项所产生的匮乏感和次级感,往往希望把获奖分销商从其优越的地位上拉下来。观察者分销商可能会在供应商未授权的一些区域内销售产品,并去争夺获奖分销商的市场,这会减少获奖分销商的销售利益,同时也会对供应商的渠道管理和部署形成重大威胁,并对供应商的品牌资产造成损害(Myers and Griffith,1999),表现出较低的关系承诺水平。同时,具有恶意嫉妒的观察者分销商往往还会报复供应商(Sterling,2013)。这些观察者分销商倾向于采用竞争性或非伦理的方式牺牲供应商利益来牟取自己的利益,摧毁其与供应商之间的长期合作关系,对供应商的关系承诺水平降低。

恶意嫉妒者除了具有“向下拉”的动机,还有可能转向差异化(Van de Ven et al.,2011)。当观察者分销商没有获得奖励,并感到无法改变自己的次级地位、缩小与获奖分销商的差距时,恶意嫉妒会驱使观察者分销商转向差异化,寻找新的供应商合作关系(Lemaine,1974)。由于观察者分销商往往同时销售多种产品或品牌,因此它往往把精力放在别的供应商的产品或品牌上,以寻求与获奖分销商的差异化,降低因没有获得奖项而带来的次级感,这将最终导致其对现有供应商的关系承诺水平的降低(Anderson and Weitz,1992)。综上所述,恶意嫉妒负向影响观察者分销商对供应商的关系承诺。根据以上分析,本研究得出以下假设:

H5:观察者分销商的恶意嫉妒水平越高,其对供应商的关系承诺水平就越低。

2. 善意嫉妒与关系承诺

从功能角度来解释情绪,可知情绪是对环境中的问题和机会的反应。

情绪是对某种环境安排的反应，每种情绪反应都表现了个体应对环境的特别的动机（Zeelenberg et al.，2008）。嫉妒是在个人的社会地位受到更有优势的他人威胁时而产生的情绪反应。面对别人的处境比自己好的威胁，个体恢复自己的地位则是非常重要的（Tesser，1988），而奖励所引发的善意嫉妒和由之而产生的动机能够帮助分销商重新确立自己在分销网络中的地位。善意嫉妒与恶意嫉妒最大的区别在于，善意嫉妒促使个体努力提高自己而不是贬损他人。尽管善意嫉妒仍然是包含着次级感所带来的痛苦，但是一定程度的沮丧和威胁（痛苦）能引起向上比较，进而提高绩效水平（收获），这是一种不愉快的自我要求（Van de Ven et al.，2011）。例如，心理学的实验也证明，有善意嫉妒的学生期望学得更多，并在智力和创造性上有着更好的表现。当然痛苦不是更好绩效的充分条件，因为善意嫉妒和恶意嫉妒都有痛苦的感觉，但是恶意嫉妒不会有向上提高的动机（Van de Ven et al.，2009），而善意嫉妒有向上比较的动机。因此，只有善意嫉妒的痛苦才会促使观察者分销商做得更好。

善意嫉妒引起的向上比较可以通过两种途径来影响嫉妒者的行为：第一，观察更加精通一项任务的个体，探寻如何提高自己以达到与之同等的地位。第二，看见别人的成功会激发自己改进的动机。具体来说，善意嫉妒所引起的向上的社会比较会把优越者当作榜样并进行参照（Lockwood and Kunda，1997）。也就是说，善意嫉妒会促使个体把他人的成功对自我价值的威胁转化为自我形象的提升。社会学习理论也指出，个体会倾向于模仿更为成功或者得到了奖励的个体（Bandura，1986）。因此，相似的分销商获得了奖励，引起观察者分销商的善意嫉妒，刺激观察者分销商认识到自己也有达到对方这种状态的资源和能力，进而调整自己的行为以获得同样的成功。另外，费斯廷格（1942）认为，当个体发现相似的个体比自己表现更好时，往往会有提高自己表现的动机。因此，在有相似分销商表现的更好的环境里，观察者分销商的雄心壮志最易被激发，该观察者分销商希望自己表现得与获奖分销商一样好，从而表现出更加的努力并保持合作行为。

综上所述，在分销商网络环境中，观察者分销商对获奖分销商的善意嫉妒，表现为对获奖分销商和供应商评估系统的欣赏。观察者分销商不会对供应商产生敌意，或做出损害供应商或获奖分销商的行为。相反，观察者分销商会把注意力放在如何提高自己上，将获奖分销商作为自己的行为榜样，不断地调整自己，以符合供应商的要求，增加合作性，从而获得与获奖分销商一样的奖励待遇，消除奖励带来的差距。例如，观察者分销商会更加关注供应商的产品或品牌，同时投入更多的时间、金钱、人力和物力进行市场调查，并收集信息，以更好地销售供应商的产品。观察者分销商的这些努力和调整表现为对供应商关系的承诺(Anderson and Weitz, 1992)。因此，本研究假设：

H6：观察者分销商的善意嫉妒水平越高，其对供应商的关系承诺水平就越高。

四、善意嫉妒和恶意嫉妒的中介作用

到此为止，本研究已经分析讨论了善意嫉妒和恶意嫉妒在奖励的观察者效应中所扮演的重要角色。例如，本研究在前文分别提出了奖励的不同特征，如奖励大小、奖励分配公平性、奖励过程公平性对善意嫉妒和恶意嫉妒的不同影响，以及善意嫉妒和恶意嫉妒对关系承诺的不同影响。善意嫉妒和恶意嫉妒在奖励的不同特征和关系承诺的关系中扮演着中介作用。以往有关情绪的理论研究也认为，情绪产生于人们对周围事件的评估，进而引发人们不同的行为反应(Scherer et al., 2001)。因此，我们认为，观察者分销商对奖励的不同特征的评估，产生了不同的嫉妒情绪反应，进而引发了不同的关系承诺水平。

由上文的分析可知，奖励大小既有可能增加观察者分销商的善意嫉妒，又有可能增加观察者分销商的恶意嫉妒，善意嫉妒和恶意嫉妒会对关系承诺有相反的影响。因此，奖励大小对观察者分销商关系承诺的影响效果取决于奖励大小所引发的嫉妒的类型。较高的奖励代表了供应商愿意和能够根据分销商对分销网络的贡献给予相应的奖励。由于观察者分销商与获奖分销商共处于同一个分销网络中，销售同一家供应商的产品，当观察者分销商专注于自身与获奖分销商的相似性，相信只要通过自己的努力就能在未来获得同样的奖励时，就会产生向上努力的善意嫉妒（同化效应）（Van de Ven et al.，2009）。善意嫉妒激发观察者分销商为获得奖励而努力，因此会强化其对供应商的关系承诺。与此同时，高度的奖励加剧了观察者分销商和获奖分销商的差距。当观察者分销商专注于双方的差距时，会引发其威胁感，最终导致观察者分销商对获奖分销商的恶意嫉妒（反差效应）（Desteno et al.，2006）。恶意嫉妒会导致观察者分销商采取非合作性的行为来牟取自己的利益，或者寻求其他的合作伙伴，实现与获奖分销商的差异化，表现为对供应商较低的关系承诺。综上所述，当观察者分销商专注于与获奖分销商的相似性时，奖励大小会引发善意嫉妒，进而强化观察者分销商对供应商的关系承诺。而当观察者分销商专注于奖励大小带来的双方差距时，奖励大小会引发恶意嫉妒，进而降低观察者分销商对供应商的关系承诺。

本研究认为，奖励分配公平性和奖励过程公平性都会通过嫉妒情绪促使观察者分销商达到较高的关系承诺水平。奖励分配公平性是通过减少观察者分销商的恶意嫉妒来达到其较高的关系承诺水平的，而奖励过程公平性是通过增加观察者分销商的善意嫉妒来达到其较高的关系承诺水平的。具体原因在于：当奖励具有高度分配公平性时，会增加观察者分销商对奖励正当性的感知，从而减少观察者分销商的恶意嫉妒（Van de Ven et al.，2010）。恶意嫉妒减少表明观察者分销商较少采取竞争性行为，或寻找其他的供应商进行替代，表现为对供应商较高的关系承诺。而当奖励具有高度过程公平性时，获奖过程、规则的公平和透明以及供应商行为的一致性，保证了观察者分销商获得同样奖励的高度可能性，从而增强观察者分销商愿意进行向上努力的善意嫉妒。善意嫉妒得以强化表明观察者分销商会以获奖分销商为榜样而不断努力，以获得同样的奖励，表现为对供应商较高的关系承诺。综上所述，本研究可以得出以下四个假设：

H7：奖励大小会对善意嫉妒产生正向影响进而正向地影响观察者分销商对供应商的关系承诺。

H8：奖励大小会对恶意嫉妒产生正向影响进而负向地影响观察者分销商对供应商的关系承诺。

H9：奖励分配公平性会对恶意嫉妒产生负向影响进而正向地影响观察者分销商对供应商的关系承诺。

H10：奖励过程公平性会对善意嫉妒产生正向影响进而正向地影响观察者分销商对供应商的关系承诺。

五、网络中心性的调节作用

上述研究表明，奖励可引发观察者分销商产生匮乏感和次级感，进而使其产生嫉妒情绪。但是也有一些学者指出，向上比较不一定总是产生匮乏感和次级感(Buunk et al.，1990)。布恩克等(Buunk et al.，1990)认为，当个体在进行向上比较，发现他人比自己优秀或处在更优越的地位时，我们可以得到两点信息：第一，他没有其他人的处境好；第二，他有可能获得比现在更好的处境。由于个人的特质或环境特征的不同，那些能够专注在正面信息上的人，可能通过向上比较而产生对自己更好的感受，而那些专注于负面信息的人，可能因为向上比较而感觉更糟，因而奖励带来的向上比较引起的嫉妒情感可能增加或者减弱，这取决于观察者分销商对向上比较的信息解读。本研究认为，观察者分销商与获奖分销商进行比较而得到的信息解读受到其网络中心性的影响，该网络中心性也影响奖励的特征与观察者分销商嫉妒情绪的关系。

1. 网络中心性和奖励大小

网络中心性表示分销商在网络中的中心性地位程度(Brass，1995)。一般而言，具有高度网络中心性的分销商是分销网络中关键的一环，能够促进网络中其他成员的交流(Freeman，1979)，并掌握了网络内信息和资源的流动。处于中心地位的观察者分销商对结果具有高度控制，从而对奖励产生的向上比较有不同的解读。网络中心性带来的高度控制会降低奖励造成的匮乏感和无法改变局面的无力感，因此会减少奖励大小对观察者分销商的嫉妒情绪的影响。

具有较高网络中心性的个体对结果有更高的控制度，进而使嫉妒引起的向上比较有着较低的负面反应。布恩克等(1990)提出，个体对结果的控制度能够影响个体对比较的反应。觉察到的控制度对认知、应对和情感反应(Fiske and Taylor，1984；Thompson，1981)都有强大的影响力。布恩克等(1990)认为，对结果有更高的控制度的个体可能感觉他有方法或途径达到更高的层次，或者能够有效地避免向下的衰败，因此不管是相似比较还是向上比较，都不会对他造成威胁。事实上，特斯塔和梅杰(Testa and Major，1988)也指出，对结果有更高的控制度的个体在进行向上比较时表现出较低的沮丧和敌对情绪。

而在分销网络中，具有高度网络中心性的分销商是供应商和其他分销商之间的信息纽带，占据着重要的位置，具有较大的控制度。一方面，由于其在分销网络内有着较高的威望和较大的影响力(Blau，1964)，因而供应商不会忽视它的行为和愿望，即它想要获得奖励的努力更容易被供应商看见，从而得到供应商的奖励。另一方面，由于具有高度网络中心性的分销商对分销网络内信息和资源流向的控制，它能够获得更多的信息和资源以轻易达到奖励目标，因而对奖励结果就有更高的控制度。尽管某分销商获得的奖励会激起观察者分销商的嫉妒情绪，但对于具有网络中心性的观察者分销商来说，它们比网络中其他分销商更容易通过自己的努力而获得奖励，从而缩小自己和获奖分销商的差距，所以具有网络中心性的观察者分销商对获奖分销商的嫉妒程度弱于其他分销商对获奖分销商的嫉妒程度。另有研究表明，当相比较的几个个体具有高度相似性时，向上比较带来的嫉妒感受会更加明显(Schaubroeck and Lam，2004)。而具有高度网络中心性的分销商因为在网络结构上的优势，与其他分销商的相似度降低，因而奖励带来的嫉妒情绪会降低。综上所述，网络中心性会抑制奖励大小对观察者分销商

的嫉妒水平(善意嫉妒和恶意嫉妒)的正向作用。根据以上分析,本研究得出以下两个假设:

H11:观察者分销商的网络中心性越高,奖励大小对观察者分销商善意嫉妒的正向影响就越小。

H12:观察者分销商的网络中心性越高,奖励大小对观察者分销商恶意嫉妒的正向影响就越小。

2. 网络中心性和分配公平性

奖励分配公平性通过增加奖励结果的分配公平,给予观察者分销商也能获得同等待遇的希望,可以降低观察者分销商的恶意嫉妒情绪。当观察者分销商处在分销网络的中心地位时,会增强其对公平性的感知,进而加强分配公平性对恶意嫉妒的抑制作用。其原因在于,处在分销网络中心位置的分销商是网络中的关键企业(Wasserman and Galaskiewicz, 1994)。分销网络中有效的信息交流和资源整合依赖于其中介连接(Brass, 1995)。同时,由于与中心分销商联系的企业很多——很多企业会求助于它,它为整个分销网络的有效运营做出了巨大的贡献(Blau, 1964),因而中心分销商凭借自己特殊而重要的地位,相信在奖励分配公平的前提下,供应商不会忽视它的努力和要求,进而比分销网络中的其他分销商更有信心得到公平对待。此外,处在网络中心位置的分销商拥有更多的资源和信息,更有可能抓住机会,利用供应商的分配公平性来缩短自己与获奖分销商的差距。这样,网络中心性会加强奖励分配公平性对恶意嫉妒的抑制作用,本研究得出以下假设:

H13:观察者分销商的网络中心性越高,奖励分配公平性对观察者分销商恶意嫉妒的负向影响就越大。

3. 网络中心性和过程公平性

奖励过程公平性通过加大观察者分销商对奖励过程和结果的控制程度,增加了其基于奖励而产生的善意嫉妒。具有较高网络中心性的观察者分销商的信息优势增大了过程公平性的效用,使得过程的实现更加顺利,进而增强奖励过程公平性对善意嫉妒的正向作用。中心分销商的信息优势主要表现在如下两个方面：第一，中心分销商在分销网络中拥有很多的企业连接，且可以接近与控制所需的资源、信息与知识(Sparrowe et al.，2001)。第二，具有较高中心性的分销商所具有的信息优势(Burt，1992)，使其能够较早接收到有用的信息，并比较来自不同源头的各种信息的优劣，从而找到实现目标的最好的方法，及时把握机会。奖励过程公平性确保了观察者分销商能够了解到自己要得到同样的奖励需要经历的过程，而网络中心性使其能够轻易地得到过程需要的信息和资源，从而保障其获得向上努力的结果。因而高度的网络中心性使得观察者分销商在奖励过程公平的前提下，拥有更多的信息优势，更能利用过程公平的优势。也就是说，中心分销商在奖励过程公平性和网络中心性的共同作用下，获得奖励结果的可能性大大增加，从而促使观察者分销商努力提高自我，萌生达到获奖分销商同等地位的愿望，即善意嫉妒。因此，本研究认为，网络中心性会凸显观察者分销商的信息优势，进而增强奖励过程公平性对观察者分销商善意嫉妒的正向作用，具体假设如下：

H14：观察者分销商的网络中心性越高，奖励过程公平性对观察者分销商善意嫉妒的正向影响就越大。

第四节 研究假设汇总

本研究把奖励大小、奖励分配公平性和奖励过程公平性作为前置变量，把观察者分销商的关系承诺作为结果变量，把观察者分销商的恶意嫉妒、善意嫉妒作为连接奖励的属性特征和关系承诺的中介变量，进行了分析研究，奖励大小、奖励分配公平性和奖励过程公平性会通过善意嫉妒与恶意嫉妒来影响分销商的关系承诺。此外，本研究还将分销商网络中心性作为调节变量，考察观察者分销商在分销商网络中的位置是如何影响其对奖励的情绪反应的。本研究总共提出如下 14 个假设：

H1：供应商对某一分销商的奖励力度越大，观察者分销商的善意嫉妒水平就越高。

H2：供应商对某一分销商的奖励力度越大，观察者分销商的恶意嫉妒水平就越高。

H3：供应商对某一分销商的奖励分配公平性越高，观察者分销商的恶意嫉妒水平就越低。

H4：供应商对某一分销商的奖励过程公平性越高，观察者分销商的善意嫉妒水平就越高。

H5：观察者分销商的恶意嫉妒水平越高，其对供应商的关系承诺水平就越低。

H6：观察者分销商的善意嫉妒水平越高，其对供应商的关系承诺水平就越高。

H7：奖励大小会对善意嫉妒产生正向影响进而正向地影响观察者分销商对供应商的关系承诺。

H8：奖励大小会对恶意嫉妒产生正向影响进而负向地影响观察者分销商对供应商的关系承诺。

H9：奖励分配公平性会对恶意嫉妒产生负向影响进而正向地影响观察者分销商对供应商的关系承诺。

H10：奖励过程公平性会对善意嫉妒产生正向影响进而正向地影响观察者分销商对供应商的关系承诺。

H11：观察者分销商的网络中心性越高，奖励大小对观察者分销商善意嫉妒的正向影响就越小。

H12：观察者分销商的网络中心性越高，奖励大小对观察者分销商恶意嫉妒的正向影响就越小。

H13：观察者分销商的网络中心性越高，奖励分配公平性对观察者分销商恶意嫉妒的负向影响就越大。

H14：观察者分销商的网络中心性越高，奖励过程公平性对观察者分销商善意嫉妒的正向影响就越大。

第五节　本章小结

首先，本章简要介绍了社会比较理论和社会网络理论的内涵以及它们与本研究的关系。其中，社会比较理论解释了多边视角中奖励对观察者分销商的作用机制，即奖励的不同特征会通过引发不同类型的嫉妒来影响观察者分销商的关系承诺。社会网络理论则提出，在网络视角下观察者分销商对奖励的评估会受到其在分销网络中的位置的影响，即观察者分销商的网络中心性会影响其对奖励的不同特征的嫉妒情绪反应，从而影响奖励的溢出观察者效应。其次，根据文献综述中学界的有关研究，本书结合有关理论基础，提出了研究框架，即“奖励特征—嫉妒—关系承诺”，并提出了网络中心性对“奖励特征—嫉妒”关系的调节作用，构建了基本的理论模型和研究假设。

第四章　研究设计与方法

第一节　研究设计和数据收集

一、研究对象的选定及样本选择

为了保证实证结果能够具有普遍适用性，本研究主要选取家电行业、化妆品和个人护理行业、家具行业中的 450 家分销商（每一个行业各选 150 家）作为实证调研对象，它们均在全国最有影响力的大型贸易展销会上多次参展。本研究之所以选择以上三个行业，主要是基于以下一些考虑：

这三个行业都经常对表现优秀的分销商进行奖励。前面所述的格力公司将 43 辆豪车奖给湖北优秀的分销商即是一个典型的例子。化妆品和个人护理行业国内精油护肤的知名品牌嘉柏俪也在 2016 年拿出 1 000 万元奖励终端分销商。家具行业也非常注重奖励策略的应用，2014 年，北京的 36 种家具品牌凑齐 2 000 万元基金专门用于奖励分销商。这三个行业都在一定程度上依赖分销商来开拓市场、增大销量，经常使用奖励措施来激发分销商的工作热情，维持与分销商长期稳定的合作关系，这正符合本书的研究背景。

这三个分销网络的密集度都很高，使得研究者能够有大量的机会观察到供应商对分销商的奖励行为对同一个分销网络中其他分销商的影响。例如，在化妆品和个人护理行业中，供应商常常使用多种复杂交错的分销渠道——如百货商场、连锁店、超市、药店、沙龙、网上商城、电视购物、电话购物、直接邮购等——销售产品。这些大量的分销网络促进了渠道成员的信息交流，因此这些行业为本研究所探究的观察者效应提供了恰当的研究背景。

二、面对面访谈

1. 面对面访谈的优势

本研究通过派调查员与被调查的分销商的高级管理者进行面对面的访谈来获取问卷调研数据。与传统的邮寄问卷调研法相比，面对面的访谈法要更有优势，具体表现在以下方面：

第一，时间和地点上同步性的交流使得答案更加准确。一方面，同步性的交流中，被访者的答案具有即时性和自发性，他们没有更多的时间去思考怎么作答，这保证了答案的真实性。另一方面，调查员和被访者有了更多直接的互动，能够保证被访者准确地理解问题。调查员可以通过被访者的声音、语调、面部表情、肢体语言等来判断被访者有没有听懂问题或者是否如实作答，从而随时纠正错误或做出善意的提醒。与此同时，被访者还可以随时提出自己的疑问，调查员也可以立刻做出解答。这些都保证了调研信息的有效性和质量。

第二，调查员可以为被访者创造合适的访谈环境和氛围。一般而言，问卷调研中的题项会有很多，要真正答完所有问题需要很长的时间。经常发生的情况是，被访者在填答问卷的过程中往往会产生不耐烦和不情愿的情绪，从而胡乱作答，这样的问卷即属于无效问卷。在面对面的访谈中，这一现象可以避免出现，调查员可以用聊天的方式来提问，从而使整个访谈过程变得轻松愉快。另外，调查员也可以操控访谈环境，使访谈环境变得舒适，最重要的是还能让所有的访谈在标准化的环境中进行，进而减少外部环境对访谈结果的影响。

基于以上原因，本研究将面对面访谈作为获取问卷数据结果的方式，尽管其时间和经济成本较高，但却能使研究者接近正确的被访者并获得准确的第一手数据，为后面的数据分析和假设验证奠定基础。

2. 访谈过程

本研究的数据是在各大贸易展销会上收集到的，在访谈过程中，我们做到了以下几点：

首先，十位有经验的调查员到每一个贸易展览会上联系选中的分销商，邀请其高级管理者来参与调研。分销商企业的高级管理者如首席执行官、总经理或者采购经理等，是本研究的访谈对象。选他们为访谈对象，主要是因为他们对分销网络中的各种情况比较清楚，他们也经常与供应商交流和互动，对供应商的政策比较清楚。

其次，为了保证调查对象积极有效地填写问卷，调查员会在调研开始时就向参与调研的分销商代表说明本研究的学术性质和目的，并向他们承诺研究的保密性，让他们安心作答。

最后，调查员要求被访者回忆在过去一年内发生的让他们记忆犹新的奖励事件，然后据此填答问卷（回溯法）。我们请被访者对过去发生在分销网络中的奖励事件进行回顾，可以获得观察者分销商的真实观点和态度。

3. 回溯数据收集法带来的偏差和弥补方法

本研究采取回溯数据收集法（retrospective data collection）来收集问卷数据。回溯法一般会造成两种误差：一种是回忆带来的偏差。人们往往对当下发生的事情记忆得更深刻，而对发生了一段时间的事情可能会有些许淡忘，也不会有当时那么激烈的反应。另一种是社会期望反应偏差（social desirable bias）。个体在自我评价时倾向于以社会认可的方式做出评价反应，从而使自己的回答看起来更易于被整个社会所接受。换言之，人们总是想呈现好的一面。

本研究使用米勒等(Miller et al.，1997)提出的方法来减少回溯法所造成的误差。第一，为了减少不准确的回忆，研究者要求被访者仅回忆发生在一年以内的奖励事件，由于时间间隔不长，被访者依然对奖励事件留有深刻的印象，因而回忆偏差很小。第二，问卷测量的是有关他人被奖励的事件而不是被访者本人获得奖励，因而较少会导致社会期望反应偏差。第三，我们要求被访者回忆奖励事件的详细过程，并列出获奖分销商具体的付出和得到的奖项。获奖分销商列出的具体奖项包括言语的表扬、获奖证书、象征性礼物、月度/年度奖品、激励溢价、现金奖金等。这些详细的奖励情况可以作为验证奖励大小和奖励公平性的参考，进而减少回溯法的偏差。第四，面对面访谈法保证了访谈的机密性，并使被访者充分理解问卷内容，从而使回忆更加有效和准确。

三、问卷的发放和回收

问卷样本要达到一定的条件才适合进行数据分析处理。一般认为，样本的最低要求是100～150个(Anderson and Gerbing，1988)。若要进行因子分析，样本量则需要是问卷所测事项数的3～5倍。因此，综合以上学者们的研究成果并考虑本研究的实际情况，我们拟发放450份问卷，其中150份发放到家电行业的分销商，150份发放到化妆品和个人护理行业的分销商，另有150份发放到家具行业的分销商。问卷发放数量既满足了复核调研的规模要求，又避免了规模过大而导致潜在理论模型被拒绝的可能性。

本次调研总共收回了204份有效问卷，回收率达45.3%。在这204份有效问卷中，87份来自家电行业，63份来自化妆品和个人护理行业，还有54份来自家具行业，各行业的回复率分别是58%、42%和36%。为了避免不回复偏差(nonresponse bias)，本研究把那些参加调查的企业的关键特征(例如，关系长度、依赖度和公司规模)与那些没有参加调查的企业的关键特征进行对比，我们发现不存在显著差异。

第二节　问卷设计与变量测量

一、问卷设计

本研究采取格宾和安德森(1988)推荐的研究程序来进行问卷设计。第一,为了了解实际的行业分销环境,研究者从家电行业、化妆品和个人护理行业、家具行业中选取10个分销商企业的高级管理者和10个供应商企业的高级管理者,分别进行深度访谈。第二,通过回顾大量文献和访谈记录来开发测量题项,所有测量题项均来自现有成熟量表。第三,参考现有成熟量表,将问卷内容直接制作成英文的,然后把多题项量表翻译成中文,再将中文倒译成英文,并确保这两个翻译过程由两个相互独立的译者完成,以保证概念的一致性。第四,从20个分销商企业中选取40位管理者进行预测试,以优化量表。为了避免题项的模糊性,调查员在预测试的面对面访谈中鼓励被访管理者提出他们对题项理解不清的地方,从而对问卷中不清晰的地方及时进行修改。结果表明,所有变量具有高度的评估者间信度(interrater reliability)($r>0.70$),即量表测量是有效的。第五,本研究使用被优化了的问卷进行正式调查。

二、变量的测量

1. 奖励大小的测量

奖励大小是指分销商所察觉到的供应商给出的补偿的金额大小。本书参考安蒂亚和弗雷泽(Antia and Frazier, 2001)的研究中有关合同执行力度的量表,以及王等(Wang et al., 2013)的研究中有关惩罚大小的量表,发展出本书测量奖励大小的量表,包含七个题项。这七个题项既包括李克特7点量表题项,也包括语义差别量表题项,以减少潜在的测量方法偏差(Antia and Frazier, 2001)。研究者要求分销商从自己的角度评估奖励大小,例如调查员问分销企业的高级管理者,"该供应商(X)对该分销商(Y)做出的贡献采取了奖励措施",量表详细情况见表 4-1。

表 4-1 奖励大小的测量题项

变量	题项编号	题 项 内 容	题项类别
奖励大小	题项 1	该供应商(X)对该分销商(Y)做出的贡献采取了奖励措施	李克特量表(1 表示完全不同意,7 表示完全同意)
	题项 2	该供应商(X)对该分销商(Y)做出的奖励使该分销商十分满意	
	题项 3	该供应商(X)对该分销商(Y)进行了充分的奖励	
	题项 4	该分销商(Y)受到了充分的奖励	
	题项 5	该供应商(X)对该分销商(Y)没有进行奖励(1分)还是采取了最高级别的奖励(7 分)	语义差别量表(1 表示没有奖励,7 表示最高级别的奖励)
	题项 6	该供应商(X)对该分销商(Y)进行了最轻的奖励(1 分)还是进行了充分的奖励(7 分)	
	题项 7	该供应商(X)对该分销商(Y)是吝啬(1 分)还是大方(7 分)	

2. 奖励分配公平性的测量

研究者从库马等(1995)的研究中提取了三个题项来测量观察者分销商觉察到的奖励分配公平性。例如,调查员问分销企业的高级管理者,"从各个方面考虑,分销商(Y)得到了与奖励其他分销商类似行为的程度相同的奖励",量表详细情况见表 4-2。

表 4-2 奖励分配公平性的测量题项

变量	题项编号	题 项 内 容	题项类别
奖励分配公平性	题项 1	该供应商(X)奖励分销商(Y)的程度与奖励其他分销商类似行为的程度相同	李克特量表(1 表示完全不同意,7 表示完全同意)
	题项 2	分销商(Y)得到了应得的奖励	
	题项 3	从各个方面考虑,分销商(Y)得到了与奖励其他分销商类似行为的程度相同的奖励	

3. 奖励过程公平性的测量

本研究将奖励过程公平性定义为观察者分销商观察到的奖励分配的决策制定过程的公平性(Luo, 2007)。研究者从库马等(1995)的研究中提取四个题项来测量观察者分销商觉察到的奖励过程公平性。被访者通过对每一个题项打分来描述他们觉察到的奖励过程公平性。例如,调查员问分销企业的高级管理者,"该供应商阐述了足够的奖励的原因",量表详细情况见表 4-3。

表 4-3　奖励过程公平性的测量题项

变量	题项编号	题项内容	题项类别
奖励过程公平性	题项 1	该供应商(X)阐述了足够的奖励的原因	李克特量表(1 表示完全不同意,7 表示完全同意)
	题项 2	分销商(Y)参与了决定奖励实施的步骤	
	题项 3	该供应商(X)向分销商阐明了下次类似情况的奖励办法	
	题项 4	该供应商(X)了解该分销商的业绩信息	

4. 恶意嫉妒的测量

恶意嫉妒代表了观察者想要把被嫉妒的分销商拉下来的具有破坏性的愿望(Van de Ven et al., 2009)。本研究采用克鲁修斯和兰格(Crusius and Lange, 2014)研究中的量表来对恶意嫉妒进行操作化测量,包括七个题项。例如,调查员问分销企业的高级管理者,"我们希望得到奖励的分销商(Y)会在其他方面失败",量表详细情况见表 4-4。

表 4-4　恶意嫉妒的测量题项

变量	题项编号	题项内容	题项类别
恶意嫉妒	题项 1	我们很嫉妒得到奖励的分销商(Y)	李克特量表(1 表示完全不同意,7 表示完全同意)
	题项 2	我们希望得到奖励的分销商(Y)从此以后都不再受嘉奖	
	题项 3	我们希望得到奖励的分销商(Y)会在其他方面失败	

续　表

变量	题项编号	题　项　内　容	题项类别
恶意嫉妒	题项 4	我们希望破坏得到奖励的分销商(Y)的荣誉	李克特量表(1 表示完全不同意,7 表示完全同意)
	题项 5	我们和得到奖励的分销商(Y)之间关系不佳	
	题项 6	我们希望夺走得到奖励的分销商(Y)的荣誉	
	题项 7	我们对得到奖励的分销商(Y)不满	

5. 善意嫉妒的测量

善意嫉妒是一种具有生产力的嫉妒,激励观察者向上提高自己的绩效(Van de Ven et al.，2009)。沿用这一定义,本研究对克鲁修斯和兰格(2014)开发的量表进行调整,用来测量观察者分销商的善意嫉妒。原始量表中有七个题项,本研究在模型验证时删除了其中两个题项(题项 4 和题项 7)。最终量表测量的是观察者分销商在多大程度上欣赏获奖分销商,并因此受到鼓舞。量表详细情况见表 4－5。

表 4－5　善意嫉妒的测量题项

变量	题项编号	题　项　内　容	题项类别
善意嫉妒	题项 1	我们很羡慕得到奖励的分销商(Y)	李克特量表(1 表示完全不同意,7 表示完全同意)
	题项 2	我们很佩服得到奖励的分销商(Y)	
	题项 3	我们希望能通过努力得到相同的奖励	
	题项 4	我们也希望能够得到奖励	
	题项 5	如果能得到奖励也会令我们备受鼓舞	
	题项 6	得到奖励的分销商(Y)是我们为之奋斗的目标	
	题项 7	我们和得到奖励的分销商(Y)关系良好	

6. 关系承诺的测量

关系承诺的测量题项来自默迪和斯蒂尔斯(Mowday and Steers，1979)。量表的五个题项测量了观察者与供应商维持和加强持续性合作关系的意愿(Morgan and Hunt，1994)。例如,调查员问分销企业的高级管理者,“我们愿意多花时间配合该供应商(X)的发展”,量表详细情况见表 4－6。

表 4－6　关系承诺的测量题项

变量	题项编号	题　项　内　容	题项类别
关系承诺	题项 1	我们十分愿意为扩大该供应商(X)的销售额而投入人力和资源	李克特量表(1 表示完全不同意，7 表示完全同意)
	题项 2	我们愿意多花时间配合该供应商(X)的发展	
	题项 3	我们乐意为与该供应商(X)的合作偶尔做出一些利益牺牲	
	题项 4	比起其他供应商，我们更有兴趣与该供应商(X)做生意	
	题项 5	与该供应商(X)的合作关系令我们感到十分自豪	

7. 网络中心性的测量

最后，研究者还从安蒂亚和弗雷泽(2001)的研究中提取了网络中心性的测量题项。这里共包含六个题项，三个题项是李克特 7 点量表题项，三个题项是语义差别量表题项。该量表测量了观察者分销商在整个分销网络中的中心性强度(Antia and Frazier，2001)。例如，调查员问分销企业的高级管理者，"我们是渠道网络中关键的一环"，量表详细情况见表 4－7。

表 4－7　网络中心性的测量题项

变量	题项编号	题　项　内　容	题项类别
网络中心性	题项 1	我们是渠道网络中关键的一环	李克特量表(1 表示完全不同意，7 表示完全同意)
	题项 2	我们与其他分销商少有联系	
	题项 3	我们在渠道中很有分量	
	题项 4	我们在渠道中很不活跃(1 分)还是非常活跃(7 分)	语义差别量表(1 表示没有奖励，7 表示最高级别的奖励)
	题项 5	我们与其他分销商少有联系(1 分)还是联系密切(7 分)	
	题项 6	我们在渠道网络中无关紧要(1 分)还是举足轻重(7 分)	

除此之外，本研究援引双边关系的文献，控制双边关系中可能会影响奖励的观察者效应的因素。具体而言，这些控制因素包括依赖性、关系长度和企业规模。对于依赖性，本研究采用海德和约翰（Heide and John，1988）的一个题项进行了测量。企业规模用企业员工数的对数来测量，而关系长度则是观察者分销商与供应商的合作时间长度。因为本研究的样本中企业规模和关系长度这两个变量值有着高度的差异，所以我们将它们作为控制因素。有关所有变量的测量详情，请阅附录。

第三节　本 章 小 结

本章对本书的研究方法进行了系统的描述，包括研究设计、样本选取、数据收集、问卷设计、变量测量等。

第一部分：首先，本章介绍了研究对象的选定和样本的选择，主要选取了来自全国的三个行业的450家分销商作为研究对象。其次，本章描述了对来自这450家企业的高级管理者进行面对面访谈的过程以及如何弥补回溯数据收集法带来的偏差。最后，本章介绍了问卷发放和回收情况。

第二部分：本章介绍了问卷设计情况，本研究严格遵循了问卷设计的原则和设计过程，尽量避免因设计不当而引起的调查误差；介绍了本研究中所有变量的操作性定义、测量题项的来源以及各变量的测量题项。

第五章　理论模型的实证检验

本章主要检验了奖励的不同特征通过影响观察者分销商的嫉妒情绪反应进而影响其关系承诺的作用机制，以及观察者分销商网络中心性的调节作用。本研究采用结构方程模型中的偏最小二乘法（PLS）来分析各变量间的因果关系。PLS模型通常是由外部模型或测量模型（Measurement Model）和内部模型或结构模型（Construct Model）两个部分构成的。测量模型检验潜变量与观察变量之间的关系，结构模型则检验各潜变量之间的线性方程关系。因此，根据赫兰（Hulland，1999）的检验，本研究的路径建模分析主要分为两个步骤：第一步，检测各变量的信度和效度，以保证量表是可信的和有效的，并得出变量间的关系（Hulland，1999）。第二步，估计模型的路径系数。

第一节　偏最小二乘结构方程模型方法

因为结构方程模型可以同时估计因子结构和因子关系（Gefen et al.，

2000)，所以本章采用结构方程模型来验证本研究提出的理论框架。另外，结构方程模型中的偏最小二乘法比传统的结构方程方法更能满足本书对模型进行预测的目的，因此我们选择偏最小二乘结构方程模型(PLS－SEM)方法对模型进行估计。

结构方程模型最初出现在20世纪80年代的营销文献中(e.g.，Bagozzi and Yi，1988；Fornell and Larcker，1981)，但是直到最近20年才得到广泛应用。对于大部分研究者来说，结构方程模型就等于基于协方差的结构方程模型(CB－SEM)，并用AMOS、EQS、LISREL和Mplus等软件进行数据分析。在发展过程中，结构方程模型也展现为另一种独特而非常有用的方法——偏最小二乘结构方程模型。更准确地说，PLS－SEM和CB－SEM几乎同时出现，不过PLS－SEM直到LVPLS程序的图像用户界面出现后才得到广泛应用，特别是在社会科学领域内。事实上，PLS－SEM在很大程度上与CB－SEM同样有效(Reinartz et al.，2009)，并且在一些方面还具有CB－SEM所没有的很多优势(Hair et al.，2011)，比如：

第一，偏最小二乘法在评估模型时对样本量和残差分布没有限制(Gefen et al.，2000)。当样本量足够大时，PLS－SEM能够获得与CB－SEM同样的效果；而当样本量较小时，PLS－SEM的优势就会体现出来，因为这种方法的统计性能更强并具有稳健性，相反CB－SEM的劣势则在于缺乏这样一种稳健性。

第二，偏最小二乘法不需要满足潜变量和显变量都服从正态分布这一严格假设，检测非正态或者偏态分布的数据最为适宜(Falk and Miller，1992)。

第三，偏最小二乘法用于检测有潜变量和显变量的复杂因果关系模型非常适宜，可以同时处理包含中介变量和调节变量的模型(Henseler et al.，2009)。

另外，偏最小二乘法是一种基于主成分分析的结构方程模型，强调实际数据中可以由模型解释的变异量(如R^2)，而传统的结构方程模型(CB－

SEM)则是一种基于协方差的结构方程模型,强调观测的协方差矩阵(实际数据)与假设的协方差矩阵(研究模型)间的整体拟合。两者的不同之处在于:PLS-SEM更适用于进行预测和理论构建,CB-SEM更适用于进行参数估计和模型验证,需要有一定的理论基础(Hair et al., 2011)。因此,当数据不能满足CB-SEM的严格要求,并且研究的目的是因果预测而不是验证模型设定的结构时,PLS-SEM为更优选择(Reinartz et al., 2009)。由于本研究的重点在于考察几个变量之间的关系,而不在于整个模型的拟合,因而我们选择偏最小二乘法SmartPLS3.0软件程序对模型进行估计。

第二节 Bootstrap中介效应检测方法

近年来,管理学和其他社会科学研究领域中的大量实证文章都进行了中介效应(mediation effect)的检验。中介效应模型检验可以分析自变量对因变量的影响过程及内在作用机制,与单纯分析自变量和因变量关系的同类研究相比,中介效应的分析不仅应用了最先进的研究方法,而且往往能得到更多的更深入的结果,因此中介效应的检验得到了学者们的广泛应用(温忠麟、叶宝娟,2014)。本书需要研究奖励的不同特征影响观察者分销商关系承诺的内在机制,将用中介效应检测方法检测嫉妒对奖励的不同特征和观察者分销商关系承诺的中介作用。

巴伦和肯尼(Baron and Kenny, 1986)的逐步回归分析法(causal steps approach)是早期比较流行的检验中介效应的方法,但近年来,逐步回归分析法因在假设和检验方法等方面的不足逐渐受到了学者们的批评。在此背景下,近年来国内外学者开始使用普里彻和海斯(Preacher and Hayes, 2004)提出的Bootstrap方法进行中介效应检验,因此本研究也将采取Bootstrap方法检验中介效应。

用 Bootstrap 法进行中介效应检验，需要遵循以下步骤：首先，需要对原始样本进行有放回的重复取样（取出之后再放回的抽样方法），即将原始样本当作 Bootstrap 总体，从这个 Bootstrap 总体中重复取样，以得到类似于原始样本的 Bootstrap 样本。其次，基于抽到的 Bootstrap 样本计算中介效应的估计值。最后，重复上述步骤 B 次，将 B 个中介效应的估计值的均值作为中介效应的点估计值，将 B 个中介效应的估计值按照从小到大的顺序排列，取其中的第 2.5 百分位数（LLCI）和第 97.5 百分位数（ULCI）作为 95%的中介效应置信区间的两端（Preacher and Hayers, 2004）。

研究者在对 Bootstrap 结果进行分析时，主要有两个需要关注的地方：第一，查看研究者最关心的中介路径是否显著；第二，查看自变量对因变量的直接影响是否显著（Preacher and Hayers, 2004）。如果中介效应置信区间不包含 0，说明中介效应显著。控制了中介变量后，如果直接效应置信区间包含 0，说明直接效应不显著，此时中介变量发挥了完全中介的作用。如果直接效应置信区间不包含 0，说明直接效应显著，此时中介变量发挥了部分中介的作用。

因此，本研究把容量为 204 的初始样本当作 Bootstrap 总体，进行有放回的重复取样，得到一个 Bootstrap 样本，重复上述步骤。本研究通过 Bootstrap 法得到 500 个 Bootstrap 样本来检验善意嫉妒和恶意嫉妒的中介作用。具体中介效应的检验结果见本章第六节中“假设检验”的结果部分。

第三节　样本结构

本研究采用频数分布和百分比对样本企业与被访者的基本特征进行描述和分析，统计分析了样本企业的一些特征，包括样本企业所属行业、员工人数、样本企业与供应商的合作年数以及被访者的职务。

样本企业与被访者的基本信息如表 5－1 所示。统计资料显示，在 204 份有效问卷中，本研究的样本企业主要经营家电、化妆品和个人护理、家具。样本企业员工人数在 100 人以下的占 52.45％，在 100 人以上的占 47.55％，这说明样本企业里中小企业和大型企业各占一半。其中，中型分销商企业占 64.22％。68.62％的分销商企业与供应商合作年限为 2～10 年。参加问卷调查的被访者包括 52 位首席执行官、78 位总经理和 74 位采购经理，这些被访者都对企业和分销网络的情况非常清楚。

表 5－1　样本企业基本资料统计

样本特征	频数	百分比
行业		
家电	87	42.65
化妆品和个人护理	63	30.88
家具	54	26.47
员工数		
＜20 人	34	16.67
20 ～ 49 人	43	21.08
50 ～ 99 人	30	14.71
100 ～ 199 人	22	10.78
200 ～ 999 人	36	17.65
≥1 000 人	39	19.12
关系长度		
＜2 年	17	8.33
2 ～ 5 年	66	32.35
5 ～ 10 年	74	36.27
＞10 年	47	23.04
被访者职务		
总裁或首席执行官	52	25.49
总经理	78	38.24
采购经理	74	36.27

注：本表根据本研究统计结果整理而成。

第四节　测量模型的信度与效度检验

一、测量模型的信度检验

信度(reliability,R)是指测量的可靠程度,反映了测量结果受到随机误差影响的程度,能够用来衡量测量结果的一贯性、一致性、在线性和稳定性。我们强调信度测量的重要性,除了它本身所具有的意义之外,还因为它是效度的基础。对量表数据进行分析之前,我们首先要考虑所测量的数值是否可靠,只有信度被接受时,量表的数据分析才是有用的。变量各题项间的同质性信度可以通过内部一致性系数来反映。本研究采用复合信度(composite reliability,CR)和平均变异抽取量(average variance extracted,AVE)两个指标来检验各构念测量量表的内部一致性信度,有关指标信息见表 5-2。

表 5-2　信度与区分效度

潜变量	*CR*	*AVE*	1	2	3	4	5	6	7	8	9
分配公平性	0.954	0.875	(0.935)								
过程公平性	0.929	0.767	0.377	(0.876)							
奖励大小	0.931	0.658	0.265	0.667	(0.811)						
网络中心性	0.963	0.812	0.001	0.143	0.242	(0.901)					
善意嫉妒	0.943	0.769	0.225	0.516	0.457	0.278	(0.877)				
恶意嫉妒	0.969	0.817	−0.711	−0.289	−0.178	−0.011	−0.194	(0.904)			
关系承诺	0.928	0.720	0.309	0.440	0.416	0.380	0.542	−0.240	(0.849)		
关系长度	—	—	0.107	0.061	0.056	0.010	−0.001	−0.007	0.008	—	
依赖性	—	—	0.137	0.151	0.152	0.141	0.148	−0.155	0.213	0.098	—
公司大小	—	—	−0.073	−0.083	−0.147	0.009	−0.157	0.107	−0.060	0.152	0.075

注：括号里的值为 *AVE* 的平方根。

1. 复合信度

复合信度主要用来评估一个潜变量所属的各个观察变量之间的内在一致性。它允许误差之间相关且不相等，还允许潜在变量对各题项的影响不同，从而有效地避免了一种不符合实际的假设，即使用 Cronbach's α 系数时要求潜在变量对各题项影响相等。复合信度与 Cronbach's α 信度虽然都是测量信度的下限，但复合信度比 Cronbach's α 信度更为精确。

复合信度测量的是测量题项指标分享该潜变量的程度，信度高表示题项指标之间存在高度的互为关联性。如果量表的复合信度通过了验证，研究者就可以认为每个题项中所测的内容是一致的；如果没有通过验证，就表示每个题项中所测的内容是不一致的。有的学者认为 *CR*≥0.5，即表示此测量具有一致性（Hair, 1998），有的学者则强调 *CR* 要至少≥0.6（Bagozzi and Yi, 1988）。克兰（Kline, 1993）认为，*CR* 值在 0.5 以上是可以接受的，在 0.7 以上是比较适中的，在 0.8 以上是非常好的，在 0.9 以上是优秀的。如 *CR* 值低于 0.5，则表示至少有一半的观察变异来自随机误差，故信度不可接受。海尔等（Hair et al., 1998）则认为，*CR* 值超过 0.7 比较合适。

表 5-2 显示，所有潜变量的 *CR* 值都大于 0.92 的水平，超过了 0.7 这一门槛值（Hair et al., 1998），甚至超过了 0.9 这一 *CR* 优秀水平的临界值，因此本研究量表的测量具有较好的内部一致性。

2. 平均变异抽取量

我们还可以利用平均变异抽取量来考察量表测量的内部一致性。它反映了题项的总变异量有多少是来自潜变量的变异量，有多少是由测量误差所导致的。换言之，*AVE* 值体现了潜变量对测量题项的变异解释力，值越高则表示量表的测量有越高的信度水平。一般而言，测量信度可接受的 *AVE* 值应该大于 0.5（Bagozzi and Yi, 1988; Fornell and Larcker, 1981; Hulland, 1999）。本研究所有潜变量的 *AVE* 的最低值为 0.658，超过了福内尔和拉克（Fornell and Larcker, 1981）提出的 0.5 的标准，表明量表具有可接受的内部一致性的信度。

二、测量模型的效度检验

效度(validity)主要评价量表的准确度、有效性和正确性，即测定值与目标真实值的偏差大小。效度反映问卷是否有效地测定到了它计划测定的内容，即实际测定结果与预想结果的符合程度。本研究用聚合效度(convergent validity)和区分效度(discriminant validity)来评估问卷的效度水平。

1. 聚合效度

聚合效度表示对同一特质的两种或多种测定方法应该有较高的相关性，即相同潜变量里的测量题项彼此之间相关度高。本研究用各个测量题项即观察变量的负载和 *AVE* 值来检测量表的聚合效度水平(Hulland, 1999)。为了保证测量量表的聚合效度水平，本研究删掉了负载小于 0.5 的善意嫉妒的两个测量题项。最终，所有测量题项的负载都超过了 0.5 的临界值，这意味着测量题项同其潜变量之间的共同方差大于测量题项与误差方差之间的共同方差。根据斯滕坎普和范特里普(Steenkamp and van Trijp, 1991)的标准可以说明本次测量有效，具有较好的聚合效度。另外，由表 5 - 2 可知，所有潜变量的 *AVE* 值大于 0.5，意味着潜变量能够解释测量题项 50%以上的变异，即模型具有较好的聚合效度(Fomell and Larcker, 1981; Hair et al., 1998)。结合两项测量指标，研究者认为本研究的量表测量具有较好的聚合效度。

2. 区分效度

区分效度也被称为判别效度，表示不同特质和内涵的测量结果之间不应有太大的相关性。关于区分效度，最严厉的方法是比较 *AVE* 值的平方根与两个潜在变量间的相关系数(Fornell and Larcker, 1981)。本研究对每个变量的 *AVE* 值取平方根，然后比较 *AVE* 值的平方根和变量间的相关系数大小，发现任何一个变量 *AVE* 值的平方根比该变量与模型中其他变量的相关系数都大(见表 5 - 2)，这表明各潜变量测量之间的区分效度良好。

综上所述，本研究的量表具有良好的信度、聚合效度和区分效度。

第五节　共同方法偏差检验

本研究所使用的数据是由同一群被试（如企业主管、员工、消费者）通过完成自报告式（self-report）的调查问卷收集得到的，当问卷中同时包括了对自变量和因变量的测量，问卷题项的语境、测量环境类似时，问卷回答结果可能会出现变量间的相关性膨胀（inflation），这种现象被称为共同方法偏差（common method bias, CMB），该现象的出现对量表的内部效度构成了威胁。这种由方法造成的变量间的相关现象对研究结论产生严重的误导，应该排除由此造成的偏差。本研究的数据来自分销商自报告的数据，容易造成共同方法偏差，因此本研究采取如下一些步骤来减小共同方法偏差出现的可能性。

共同方法偏差的控制方法分为程序控制和统计控制（Feldman and Lynch, 1988; Harman, 1967）。程序控制指的是研究者对研究设计和数据收集过程所进行的控制，具体的措施包括：从不同的来源测量自变量和因变量，对变量的测量进行一定程度的分离，保护被试的匿名性、减少被试对研究目的的猜测，调整变量测量的呈现顺序，改进量表项目，等等。

以此为基础，我们在设计调查问卷时，遵从费尔德曼和林奇（Feldman and Lynch, 1988）推荐的方法来控制“自我生成的效度”问题。这些方法包括：仔细地设计调研问题，对调查对象进行大量的预测试，使用被访者经常使用的语言提问；在问卷中采用李克特量表和语义差异量表两种量表形式进行测量。另外，本研究还调整了问卷构念的出现顺序，构念不以假设推演的顺序（前值变量→中介变量→结果变量）呈现。这些对调研进行的设计能够控制测量中产生的共同方法偏差。

统计控制是指在分析数据时采用统计的方法来对共同方法偏差进行检

验和控制。首先,本研究对来自20家分销商企业的40位管理者所进行的预测试,表现出所有变量具有高度的评估者间信度。尽管我们采取低成本的关键信息人(被调查企业的高级管理者)方法获取数据,但是我们仍然确信高度的相关性反映的是组织的特征而不是系统回复偏差。

其次,本研究采用哈曼(Harman, 1967)的单因素检验方法来评估共同方法偏差的影响。这种方法的基本假设是,如果方法变异大量存在,那么我们在进行因素分析时,要么析出一个因子,要么一个公因子解释了大部分变量变异。本研究将问卷中的所有测量题项全部放在一起做主成分因子分析,分析结果显示,7个因子的特征值都大于1,共同解释了74.11%的总变异量。而每一个因子的方差解释率低于25.32%,未超过建议值50%。

因此,我们可以认为,本研究不存在严重的共同方法偏差,我们所运用的调查方法不会对本研究数据的效果产生影响。

第六节　奖励观察者效应的实证检验

上文对模型信度和效度的检验表明了本研究测量模型的预测能力较强。为了检验奖励的不同特征对观察者分销商关系承诺的影响机制,本节构建结构方程模型,利用SmartPLS 3.0软件程序对结构模型进行估计,包括:(1)分析结构模型的预测能力;(2)检验各假设关系的支持力度。

一、结构模型的预测能力

为了探讨并检验奖励的不同特征与观察者分销商关系承诺之间的关系及作用,本研究构建了以奖励大小、奖励分配公平性和奖励过程公平性作为前置变量,善意嫉妒和恶意嫉妒作为中介变量,关系承诺作为结果变量的直接效应模型,同时检验了网络中心性的调节作用,运用正式调研获取的204

份样本数据对该模型的拟合优度和变量间关系进行了检验。

PLS 常常使用 R^2 值来解释内生变量和路径系数的显著性，进而检验结构模型的预测效果，R^2 值反映了内生潜变量能够被外生潜变量解释的程度。一般认为，R^2 值至少要达到 10%才能保证模型有足够的解释力（Falk and Miller，1992）。而科恩（Cohen，1988）通过研究得出结论：当 $R^2=2\%$ 时，表明路径关系很弱；当 $R^2=13\%$ 时，表明路径系数中等；而当 $R^2=26\%$ 时，表明路径关系很强。

从表 5－3 中可以看出，模型中的内生潜变量——善意嫉妒、恶意嫉妒和关系承诺——的 R^2 值分别是 36.6%、52.4%和 32.8%，即模型可以解释 36.6%的善意嫉妒的变异、52.4%的恶意嫉妒的变异和 32.8%的关系承诺的变异。另外，以上各 R^2 值均大于 26%的标准，表明模型具有很好的拟合优度。

表 5－3　直接效应模型的拟合优度

模型中的内生潜在变量	R^2 值
善意嫉妒	36.6%
恶意嫉妒	52.4%
关系承诺	32.8%

二、假设检验

对偏最小二乘结构方程模型的评估包括对中介变量和调节变量的检测（Baron and Kenny，1986）。结构方程模型估计结果见表 5－4。

表 5－4　结构方程模型估计

	结构路径估计	T 值
奖励大小 → 善意嫉妒	0.144	3.910***
奖励大小 → 恶意嫉妒	0.039	1.425

续　表

	结构路径估计	T 值
分配公平 → 恶意嫉妒	−0.660	24.769***
分配公平 → 善意嫉妒	0.045	1.424
过程公平 → 恶意嫉妒	−0.063	1.590
过程公平 → 善意嫉妒	0.373	8.185***
恶意嫉妒 → 关系承诺	−0.127	4.602***
善意嫉妒 → 关系承诺	0.506	21.748***
网络中心性 → 恶意嫉妒	−0.002	0.138
网络中心性 → 善意嫉妒	0.183	4.958***
奖励大小×网络中心性 → 善意嫉妒	0.010	0.139
奖励大小×网络中心性 → 恶意嫉妒	−0.084	2.553*
分配公平×网络中心性 → 恶意嫉妒	−0.117	3.565***
过程公平×网络中心性 → 善意嫉妒	0.208	3.162**
关系长度 → 关系承诺	−0.010	0.624
依赖性 → 关系承诺	0.122	5.102***
公司大小 → 关系承诺	0.044	2.902**

注：* <0.05，** <0.01，*** <0.001。

1. 奖励特征和嫉妒

供应商奖励大小、奖励分配公平性和奖励过程公平性对善意嫉妒与恶意嫉妒的影响程度及影响方向如表 5-4 所示。结构模型检验结果表明，奖励大小($\beta=0.144$，$p<0.001$)正向显著影响善意嫉妒，H1 得到证实。奖励大小对恶意嫉妒的效应不显著，H2 未得到证实。奖励分配公平性($\beta=-0.660$，$p<0.001$)负向显著影响恶意嫉妒，H3 得到证实；而奖励过程公平性($\beta=0.373$，$p<0.001$)正向显著影响善意嫉妒，H4 得到证实。

2. 嫉妒和关系承诺

在嫉妒对关系承诺的影响上，如表 5－4 所示：恶意嫉妒（$\beta=-0.127$，$p<0.001$）负向显著影响关系承诺，善意嫉妒（$\beta=0.506$，$p<0.001$）正向显著影响关系承诺，因此 H5 和 H6 均得到证实。

3. 善意嫉妒和恶意嫉妒的中介效应

善意嫉妒、恶意嫉妒中介效应的验证结果见表 5－5。第一，H7 提出，奖励大小会增加观察者分销商的善意嫉妒，进而提高其对供应商的关系承诺水平。模型估计结果显示，奖励大小（$\beta=0.144$，$p<0.001$）正向显著影响善意嫉妒，善意嫉妒（$\beta=0.506$，$p<0.001$）正向显著影响关系承诺。我们进一步采用 Bootstrap 法来分析善意嫉妒的中介效应。奖励大小经由善意嫉妒间接显著影响关系承诺，且关系是正向的（$\beta=0.073$，$p<0.001$），而且 95% 的中介效应置信区间为 0.036～0.110，不包含 0。因此，奖励大小通过善意嫉妒这一中介效应路径影响了关系承诺，即存在善意嫉妒对奖励大小和关系承诺关系的中介效应，H7 得到证实。

表 5－5　善意嫉妒和恶意嫉妒的中介效应的验证结果

假设	关　系	路径系数	T 值	结　论
H7	奖励大小 → 善意嫉妒	0.144	3.910***	得到支持
	善意嫉妒 → 关系承诺	0.506	21.748***	
	善意嫉妒对“奖励大小 → 关系承诺”中介效应	$\beta=0.073$，$p<0.001$，95% 的中介效应置信区间为 0.036～0.110，不包含 0		
H8	奖励大小 → 恶意嫉妒	0.039	1.425	未得到支持
	恶意嫉妒 → 关系承诺	−0.127	4.602***	
H9	分配公平 → 恶意嫉妒	−0.660	24.769***	得到支持
	恶意嫉妒 → 关系承诺	−0.127	4.602***	
	恶意嫉妒对“分配公平 → 关系承诺”的中介效应	$\beta=0.084$，$p<0.001$，95% 的中介效应置信区间为 0.048～0.120，不包含 0		

续　表

假设	关　系	路径系数	T 值	结　论
H10	过程公平 → 善意嫉妒	0.373	8.185***	得到支持
	善意嫉妒 → 关系承诺	0.506	21.748***	
	善意嫉妒对“过程公平 → 关系承诺”的中介效应	$\beta=0.189$，$p<0.001$，95%的中介效应置信区间为 0.141～0.237，不包含 0		

注：* <0.05，** <0.01，*** <0.001。

第二，H8 提出，奖励大小会增加观察者分销商的恶意嫉妒，进而降低其对供应商的关系承诺水平。模型估计结果显示，尽管观察者分销商的恶意嫉妒负向显著影响其关系承诺($\beta=-0.127$，$p<0.001$)，但是奖励大小对恶意嫉妒的影响是不显著的，H8 没有得到证实。

第三，H9 提出，奖励分配公平性会减少观察者分销商的恶意嫉妒，进而提高其对供应商的关系承诺水平。模型估计结果显示，奖励分配公平性($\beta=-0.660$，$p<0.001$)负向显著影响恶意嫉妒，恶意嫉妒($\beta=-0.127$，$p<0.001$)负向显著影响关系承诺。我们进一步采用 Bootstrap 法来分析恶意嫉妒的中介效应。奖励分配公平性经由恶意嫉妒间接显著影响关系承诺，且关系是正向的($\beta=0.084$，$p<0.001$)，而且 95%的中介效应置信区间为 0.048～0.120，不包含 0。因此，奖励分配公平性通过恶意嫉妒这一中介效应路径影响了关系承诺，即存在恶意嫉妒对奖励分配公平性和关系承诺关系的中介效应，H9 得到证实。

第四，H10 提出，奖励过程公平性会增加观察者分销商的善意嫉妒，进而提高其对供应商的关系承诺水平。模型估计结果显示，奖励过程公平性($\beta=0.373$，$p<0.001$)正向显著影响善意嫉妒，善意嫉妒($\beta=0.506$，$p<0.001$)正向显著影响关系承诺。我们进一步采用 Bootstrap 法来分析善意嫉妒的中介效应。奖励过程公平性经由善意嫉妒间接显著影响关系承诺，且关系是正向的($\beta=0.189$，$p<0.001$)，而且 95%的中介效应置信区间为 0.141～0.237，不包含 0。因此，奖励过程公平性通过善意嫉妒这一中介效

应路径影响了关系承诺，即存在善意嫉妒对奖励过程公平性和关系承诺关系的中介效应，H10 得到证实。

4. 网络中心性的调节作用

有关网络中心性的调节作用由 H11、H12、H13 和 H14 来表示（如表 5 - 6 所示）。由上文可知，奖励大小对善意嫉妒的主效应是正向显著的（$\beta=0.144$，$p<0.001$），奖励大小与网络中心性对善意嫉妒的交互作用不显著，H11 没有得到验证。奖励大小对恶意嫉妒的主效应是正向不显著的。但是，奖励大小与网络中心性对恶意嫉妒的交互作用却是负向显著的（$\beta=-0.084$，$p<0.05$），H12 得到验证。奖励分配公平性对恶意嫉妒的主效应是负向显著的（$\beta=-0.660$，$p<0.001$），奖励分配公平性与网络中心性对恶意嫉妒的交互作用是负向显著的（$\beta=-0.117$，$p<0.001$），H13 得到验证。最后，奖励过程公平性对善意嫉妒的主效应是正向显著的（$\beta=0.373$，$p<0.001$），奖励过程公平性与网络中心性对善意嫉妒的交互作用是正向显著的（$\beta=0.208$，$p<0.01$），H14 得到验证。

表 5 - 6　网络中心性的调节效应的验证结果

假设	关　系	路径系数	T　值	结　论
H11	奖励大小×网络中心性　善意嫉妒	0.010	0.139	未得到支持
H12	奖励大小×网络中心性　恶意嫉妒	−0.084	2.553*	得到支持
H13	分配公平性×网络中心性　恶意嫉妒	−0.117	3.565***	得到支持
H14	过程公平性×网络中心性　善意嫉妒	0.208	3.162**	得到支持

注：* <0.05，** <0.01，*** <0.001。

第七节　本章小结

首先，本章介绍了本研究所使用的偏最小二乘结构方程模型方法和

Bootstrap 中介效应检测方法，主要介绍了偏最小二乘结构方程模型与传统的结构方程模型相比所具有的优势，以及本书选取该种结构方程模型方法来对模型进行估计的原因；接着介绍了 Bootstrap 中介效应检测方法的原理和应用程序。

其次，本章对 204 份有效问卷样本数据的基本情况进行描述性的统计分析，主要包括被访问分销商企业的基本情况，例如样本企业所属行业、员工人数、样本企业与供应商的合作年数以及被访者的职务。

再次，本章运用 SmartPLS 3.0 软件程序对 204 份有效的正式问卷获得的数据进行验证性因子分析，探讨了测量模型的信度、聚合效度和区分效度水平。结果显示，各变量的测量均满足信度和效度的要求。此外，本研究还对调查过程中可能产生的共同方法偏差问题进行程序上的控制和统计检验，以确保本研究所使用的研究方法不存在显著的共同方法偏差问题。

最后，构建单独的结构方程模型，利用 SmartPLS 3.0 软件程序对结构模型进行估计。通过对模型结果数据的分析，报告了各个假设的验证情况，主要包括结构模型预测能力的评价、主效应检验、中介效应检验以及调节效应检验。

第六章　研究结论、研究启示及研究局限

本研究以嫉妒(善意嫉妒、恶意嫉妒)为中介变量,运用有关理论系统分析奖励的不同特征(奖励大小、奖励分配公平性和奖励过程公平性)对观察者分销商的关系承诺的影响,结合问卷调查有关数据,对研究假设进行了理论分析与实证检验。本章将在前面有关研究的基础上,总结本研究的主要结论,阐明管理意义,并指出研究局限,展望未来研究方向。

第一节　研究结论

奖励常常被视为最能够激发分销商与供应商合作的一种治理机制。现有关于企业间奖励影响机制的研究基本上都专注在双边关系内(比如,研究奖励大小对供应商和获奖分销商之间关系的影响),但是在分销网络中,奖励不仅会影响获奖分销商,还会影响观察者分销商。本书通过整合社会比

较理论和社会网络理论，把研究奖励的视角从双边关系拓展到网络关系，研究了奖励对观察者分销商的激励作用。研究结果有助于研究者能够更好地理解这样一个重要问题：为什么观察者分销商会对供应商的奖励措施产生不同的反应。面对供应商的奖励措施，观察者分销商是会被激励而增加自己的投入和绩效水平，还是会试图把其他个体拉下来以达到自己的心理平衡？为了回答这个问题，本书探究了奖励大小、奖励分配公平性和奖励过程公平性如何引发不同的情绪和行为水平。研究结果表明，奖励的不同特征会引发观察者分销商不同的情绪反应，即善意嫉妒和恶意嫉妒，而善意嫉妒和恶意嫉妒又会引发观察者分销商不同的行为动机，产生不同的行为结果。具体而言，善意嫉妒会激发观察者分销商采取更为有效、更有建设性、更有合作性的行为提高其绩效，而恶意嫉妒则会引发观察者分销商做出更加反社会的行为以缩小其与获奖分销商的差距。因此，供应商采取不同的奖励措施可以通过增加善意嫉妒或者减少恶意嫉妒来激励观察者分销商达成更高的关系承诺。本书的主要研究结论详述如下。

1. 奖励大小和奖励公平性对观察者分销商嫉妒的影响

本研究通过实证分析，检验了奖励大小对观察者分销商不同嫉妒情绪的影响。调查研究的结果显示，奖励大小对善意嫉妒的正向影响是显著的(H1)。这表明当供应商对某一分销商实行更高的奖励时，观察者分销商对获奖分销商的善意嫉妒水平就更高，因为奖励激发了观察者分销商想要得到同样奖励的愿望。具体而言，奖励力度大说明了供应商愿意且能够对在某些方面表现突出的分销商进行奖励，当观察者分销商专注于与获奖分销商的相似地位时，便产生了获得同样奖励的预期。因此，观察者分销商想要努力提高自己的绩效水平以在未来获得同样的成功，于是就表现出高度的善意嫉妒。

但是，研究发现，奖励大小对观察者分销商的恶意嫉妒的正向影响却是不显著的(H2)，原因可能是善意嫉妒和恶意嫉妒不会同时出现(Van de Ven et al.，2009)。换言之，如果某一种嫉妒情绪被引发，另一种嫉妒情绪就相应地会被抑制。由于企业是比个人更为理智的个体，奖励增大会使观察者分销商更多地关注其与获奖分销商的相似之处(同化效应),而不是两者之间的差距(反差效应),即观察者分销商相信通过自己的努力能够缩小与获奖分销商之间的差距,而不认为差距是不可改变的,从而增加的是善意嫉妒而不是恶意嫉妒。

本研究还检测出了奖励的公平性对观察者分销商嫉妒的显著影响。结果显示,奖励分配公平性会降低观察者分销商的恶意嫉妒水平(H3),而奖励过程公平性则会提高观察者分销商的善意嫉妒水平(H4)。这是因为奖励分配公平性表明获奖分销商获得的奖励与其做出的各种投入相符,会增加观察者分销商对获奖正当性的感知,从而减少其恶意嫉妒;而奖励过程公平性则使分销商专注于获奖过程。获奖过程与规则的公平和透明以及供应商的行为一致性使得分销商相信,只要自己做出同样的努力,就可以获得同样的结果,从而提高其善意嫉妒水平。

2. 嫉妒对关系承诺的影响

本研究还检测了不同的嫉妒情绪对关系承诺的不同影响。结果显示,观察者分销商的恶意嫉妒与其关系承诺水平显著负相关(H5),而观察者分销商的善意嫉妒与其关系承诺水平显著正相关(H6)。这证明了恶意嫉妒和善意嫉妒具有不同的动机效应。恶意嫉妒的"向下拉"的动机会导致观察者分销商做出一些偏离标准的恶意竞争行为,或者收回自己的努力、采取不作为的态度,进而减少其对供应商的关系承诺。而善意嫉妒的向上提高的动机则会激发观察者分销商更加努力地配合供应商,达到奖励目标。从长远来看,这表现为观察者分销商对供应商的关系承诺增强。

3. 奖励特征通过嫉妒的中介作用来影响关系承诺

实证研究发现,嫉妒情绪在奖励特征和关系承诺的关系中扮演着中介作用,即奖励的不同特征通过不同的嫉妒情绪反应对关系承诺产生影响,然而奖励的不同特征对关系承诺的影响路径有所不同。

第一,奖励大小通过善意嫉妒来影响关系承诺(H7)。奖励的增大可以有效而显著地增加观察者分销商的善意嫉妒,进而提高其关系承诺水平。

也就是说，奖励大小在分销网络中具有积极的溢出效应。从前人的研究成果可知，奖励的力度越大，对获奖者的激励作用也越大。本研究证明，这样的激励作用也同样适用于分销网络中处于观察者地位的分销商。只是这种激励的内在机制不一样：传统的激励机制是用经济手段使供应商和分销商的目标达到一致的，而奖励大小的作用机制是通过社会比较来激发观察者分销商的善意嫉妒情绪，进而促使观察者分销商采取合作行为的。

但是，恶意嫉妒对奖励大小和关系承诺之间的中介作用却没有得到验证(H8)，即奖励大小不能通过恶意嫉妒来影响关系承诺，这是由奖励大小与恶意嫉妒的关系不显著造成的。本研究认为，这是由于企业比个人更为理智，那些有敌意的和破坏性的行为——如关系终止——往往会带来两败俱伤的结果(Antia and Frazier, 2001)，因而关系终止的威胁和成本使得观察者分销商不倾向于采取有敌意的和破坏性的行为，而是努力使自己达到与获奖者分销商同等的地位。换言之，面对奖励力度的加大，观察者分销商产生的更多的是向上的动机而不是“向下拉”的动机，通过努力使自己的利益达到最大化，表现为奖励大小会激发观察者分销商向上努力的善意嫉妒，从而提高其对供应商的关系承诺水平。

第二，不同的奖励公平性通过不同的路径来增强观察者分销商的关系承诺。一条路径为，奖励分配公平性的增强可通过减少恶意嫉妒来提高关系承诺水平(H9)；另一条路径为，奖励过程公平性的增强可通过增加善意嫉妒来提高关系承诺水平(H10)。由此可知，奖励分配公平性和奖励过程公平性都可以提高观察者分销商的关系承诺水平。因此，供应商除了加大奖励力度外，还可以通过重视奖励的分配公平和过程公平来保证奖励在分销网络中的有效实施。

综上所述，本研究证明了供应商确实可以利用嫉妒情绪来引发观察者分销商的积极行为。供应商只需要对奖励做出合理的安排，例如对分销商做出可观的奖励，或者重视奖励的分配公平和过程公平，就可以通过增加善意嫉妒或者减少恶意嫉妒来实现奖励的较大溢出效应。也就是说，供应商可以利用奖励所带来的不同嫉妒情绪反应来激励分销网络中的众多观察者分销商提高关系承诺水平。

4. 网络中心性的调节作用

本研究所检验的网络中心性的调节作用主要是指观察者分销商的网络中心性对“奖励—嫉妒”关系的调节作用，关注网络中心性如何影响观察者分销商对奖励的不同特征所带来的嫉妒情绪反应，进而影响其关系承诺水平。

第一，网络中心性对奖励大小和善意嫉妒情绪正向关系的调节作用是不显著的（H11），而网络中心性对奖励大小和恶意嫉妒正向关系的调节作用是负向显著的（H12），即网络中心性和奖励大小具有交互作用，它还可以减少恶意嫉妒。这说明，不管观察者分销商是处于中心性位置还是处于边缘位置，奖励大小对其善意嫉妒水平的影响不变。而中心性观察者分销商则比其他分销商对同样的奖励（奖励大小是相同的）产生更小的恶意嫉妒，原因可能是中心分销商对结果有更高的控制度，进而对奖励大小造成的向上比较有较低的负面反应。而不论是中心分销商还是其他分销商都有向上努力以达到同样的奖励的愿望，因此中心分销商不会因为其特殊地位而降低其向上努力的善意嫉妒。

第二，网络中心性会使奖励公平性对嫉妒情绪反应的影响更为显著，即网络中心性会促进奖励分配公平性和奖励过程公平性分别对善意嫉妒与恶意嫉妒的作用。具体来说，网络中心性会使奖励分配公平性对恶意嫉妒的负向作用加强（H13），而使奖励过程公平性对善意嫉妒的正向作用加强（H14）。因此，处在网络中心位置的观察者分销商对渠道中的奖励公平性反应更激烈，表现为更多的善意嫉妒和更少的恶意嫉妒，进而提高自己的关系承诺水平。

第二节 研究启示

一、理论启示

本书的第一个理论贡献是以多边视角研究奖励带来的观察者效应。传统的交易成本理论认为，人有自利的倾向，常从经济和成本的角度来决定自己的行为，因此奖励机制通过经济性的安排强化了分销商采取合同规定的行为的动机。奖励使分销商和供应商的利益达到一致，合作动机增强，分销商在做出一个行为决策时不仅要考虑自己的利益，也要考虑双方的共同利益以实现双赢。奖励机制是供应商—分销商关系治理中经常使用的一种方法，但其只研究了奖励对获奖分销商的治理效果，假设奖励策略不会对分销网络中的其他分销商造成影响（Antia et al.，2006；Kashyap et al.，2012），即奖励是一种双边关系治理方法。本书将双边视角拓展为多边视角，研究结果证实了奖励激励措施对分销网络中观察者分销商的影响是显著的，奖励的不同特征确实具有溢出效应，能够影响网络中其他处于观察者地位的分销商。这证明分销网络是一个整体，企业的行为能够互相影响，仅仅研究双边关系还不够，将渠道治理机制放到多边关系中进行研究，更加符合企业面对的现实环境。具体而言，本研究用社会比较理论解释了奖励的观察者效应，即奖励的不同特征会引发分销商之间的社会比较，而社会比较又会引发分销商不同的嫉妒情绪反应，进而影响其合作行为（Van de Ven et al.，2009）。

本书的第二个理论贡献是在多边视角下研究奖励大小和奖励公平性对观察者分销商的激励作用。基于双边视角对奖励机制进行的研究大都从奖励大小角度探讨了奖励的激励效果，即奖励越大对获奖分销商的激励效果越好。而在多边视角下，观察者分销商不仅会对奖励大小产生认知和评判，还会将自己的投入产出比与获奖分销商的投入产出比进行比较，而后对奖励公平性做出自己的评判，从而影响自己的嫉妒情绪和对供应商的关系承诺。因此，本书引入对奖励公平性的研究，同时研究奖励大小和奖励公平性的溢出观察者效应。

多边关系中奖励大小对观察者分销商的激励机制与在双边关系中奖励大小对观察者分销商的激励机制不同。在双边关系中，奖励大小是通过经济激励而使供应商和观察者分销商的利益与目标达到一致，从而增强获奖分销商对供应商的关系承诺。而在多边关系中，奖励大小引发观察者分销商的向上比较，观察者分销商想要像获奖分销商一样得到奖励(Foster，1972)，因此要增强其想向上努力的善意嫉妒。较强的善意嫉妒进一步促进观察者分销商增强合作的意愿，努力向获奖分销商看齐，通过自己的努力以获得同样的成功，这表现为对供应商较高的关系承诺水平。也就是说，在多边环境中，奖励大小能够带来较为积极的激励作用，是通过社会比较带来的善意嫉妒来激励观察者分销商保持良好的合作关系的。

虽然以往有大量关于公平性方面的研究，但较少有研究分析了奖励公平性对奖励观察者效应的影响。研究结果表明，除了奖励大小，奖励分配公平性和奖励过程公平性也能够通过对善意嫉妒或恶意嫉妒的影响而激励观察者分销商更好地与供应商合作。奖励分配公平性是通过对恶意嫉妒的负向影响而增强观察者分销商的关系承诺，而奖励过程公平性是通过对善意嫉妒的正向影响而增强观察者分销商的关系承诺。另外，现有关于公平性的研究并未对比较的具体过程进行描述，也未解释个体如何在进行相互比较后产生不同的行为结果(Miner，2007)。本书运用社会比较理论详细描述了供应商奖励公平性对观察者分销商行为的影响过程，研究奖励公平性对观察者分销商嫉妒情绪和合作行为的影响，丰富了现有的公平理论的相关内容。

本书的第三个理论贡献是将嫉妒情绪引入对企业间关系治理的研究，验证了善意嫉妒和恶意嫉妒之于"奖励的不同特征对奖励的观察者效应"的中介作用机制。以往有关嫉妒的研究大多集中在心理学领域、组织行为学领域，本书通过研究嫉妒对奖励的观察者效应的中介作用，证明了也可用"嫉妒"解释企业间的现象。嫉妒来自社会比较，而分销商企业的社会比较是经常发生的，特别是当别的分销商得到了自己没有得到的好处时。因此，本研究用嫉妒情绪研究企业间关系治理问题，解释了奖励治理机制对观察者分销商行为的影响机理。与此同时，本研究还把嫉妒分为善意嫉妒和恶意嫉妒，从而解释了企业面对同一事件时所产生的不同的行为反应。以往大部分文献都是从恶意嫉妒角度来研究嫉妒情绪的影响，而较少从善意嫉妒的角度来研究。本研究将嫉妒情绪分为善意嫉妒和恶意嫉妒，能够全面地了解嫉妒情绪在奖励的不同特征和观察者分销商最终合作行为之间所起的作用，并解释了不同的奖励安排引发观察者分销商不同的合作行为结果的内在原因。研究证明，奖励的不同特征既可以通过增加嫉妒的积极方面——善意嫉妒——来加强观察者分销商的合作性行为，也可以通过减少嫉妒的消极方面——恶意嫉妒——来加强观察者分销商的合作性行为。本研究详细分析了奖励大小、奖励分配公平性和奖励过程公平性通过善意嫉妒、恶意嫉妒对观察者分销商关系承诺的影响路径。另外，虽然从社会心理学角度来看，嫉妒是负面的、反社会的情绪（Thomson，1842；Miceli and Castelfranchi，2007），但是企业却可以利用奖励来引出嫉妒的积极的一面，进而实现有效的渠道控制。

本书的第四个理论贡献是将网络结构变量引入奖励观察者效应的模型框架中，研究网络中心性对奖励观察者效应的调节作用。本研究是在多边视角下研究奖励的观察者效应，多边视角涉及多个企业，因此多个分销商构成的社会网络的结构也会对奖励的观察者效应产生影响。网络中心性代表了分销商获取资源和信息的能力，具有高度网络中心性的企业能够更加容易地获取资源和信息，进而具有较强的控制力（Freeman，1979）。较强的控制力使得中心性企业对奖励大小造成的向上比较有着较低的负面反应，因而中心分销商会对同样的奖励产生更低的恶意嫉妒；同时较强的控制力也使得处于中心性位置的分销商对公平性的感知更强，从而加强分配公平对恶意嫉妒的抑制作用和过程公平对善意嫉妒的促进作用。因此，本研究通过引入网络结构变量——网络中心性，使得多边视角下的奖励观察者效应的理论框架更加完善。

二、管理启示

受过传统培训的营销经理们都会了解奖励对获奖分销商的正面的促进

作用，奖励既肯定了获奖分销商的付出和努力，增加其与供应商的价值认同，又促使获奖分销商在未来继续保持与供应商较高的合作水平，以再次获得奖励。供应商的营销经理们唯一担心的是成本问题，因为他们在分销渠道中要面对很多的分销商。由于成本的限制，供应商不可能同时对所有的分销商做出一致性的奖励措施，因而研究奖励的溢出效应，即其对观察者分销商的态度和行为的影响，具有极为重要的战略意义。

本研究对奖励的观察者效应的研究成果，能使供应商管理者们认识到，除了获奖分销商，他们要同等地重视并了解其他处在观察者地位的分销商的行为、态度、想法和感受，从而不至于在激励获奖分销商的同时，伤害分销网络中的其他分销商，引发其他分销商的报复行为，使设立的奖励丧失激励的作用。本研究的结果显示，由于奖励具有溢出的观察者效应，奖励不仅会影响获奖分销商一家企业，还会影响分销网络中的其他分销商，进而长久而深远地影响整个分销网络系统，因此供应商应该利用好奖励的溢出效应，通过奖励那些表现突出的分销商来激励分销网络中的所有成员。

具体而言，奖励大小能通过提高善意嫉妒水平来增强观察者分销商的关系承诺，即奖励大小能引发积极的观察者分销商的合作反应。这一研究结果能使观察者分销商了解奖励大小的重要性，也就是说，供应商应该确定合适的奖励力度，进而使获奖分销商和其他分销商都能够被激励，实现奖励效应最大化。

另外，除了奖励大小，奖励的公平性也能通过减少恶意嫉妒、增加善意嫉妒来促成供应商和观察者分销商之间长期而稳定的关系。奖励公平能够平衡奖励所带来的不平等感知，进而促使观察者分销商做出积极的反应。这一点对供应商的管理者来说尤为重要。虽然加大奖励力度也能够达到激励观察者分销商提高关系承诺水平的目的，但这势必会增加企业的成本，并有边际效用递减的问题，而奖励公平性通过嫉妒对关系承诺的正向影响，使得供应商明白，不需要一味地加大奖励力度，只要保证奖励措施的公平性，就能在成本一定的情况下，激励观察者分销商做出更多的投入。特别地，分销商对分配公平的容忍度较低，容易引发恶意嫉妒和报复性行为。供应商应该发展出一个公平、透明和具有一致性的奖励分配过程，同时按照分销商的贡献和付出水平来分配奖励。具体而言，供应商可以加强对奖励过程和结果的曝光，并与观察者分销商多进行有效的交流，以清晰地描述奖励分配的标准和对分销商绩效评估的过程。供应商管理者通过与观察者分销商的代表进行及时和有效的沟通，能够了解他们对奖励分配公平性和奖励过程公平性的感知，进而及时地做出调整。例如，管理者们应该去努力了解：观察者分销商是怎么看待这次奖励事件的，是否认为奖励的分配和过程是公平的，是怎么形成对奖励公平的感知的，从而有针对性地提高对奖励的分配公平和过程公平的感知，或者及时纠正观察者分销商的不公平感知。这样，观察者分销商一旦感受到奖励的分配公平和过程公平，就会减少恶意嫉妒，增加善意嫉妒，最终表现出较强的关系承诺。因此，对奖励公平的觉知一定程度上指导和驱动着分销商的合作行为，产生了明显的效果，使得整个分销网络有效运行，达到了更好的渠道激励效果。

最后，有关网络的结构因素对奖励的观察者效应的影响，使供应商明白在实施奖励时，分销网络中的中心分销商应该引起其特别的关注，这是因为中心分销商占有重要的地位，它对奖励的反应会与一般分销商有所不同。中心分销商对奖励大小带来的差距感知不强，而对奖励公平性有更加强烈的感知。因此，供应商应采取不同的奖励措施，加强与中心分销商的沟通交流，通过加强中心分销商对奖励分配公平性和奖励过程公平性的感知来激发其积极的渠道行为。

第三节　研究局限和未来研究

尽管本研究结果丰富了有关领域的理论，同时对管理实践也有重要的启示，但仍存在一些局限，这为未来的研究提供了方向。

首先,本调查研究的样本仅仅取自中国的分销商。尽管本书的理论模型适用于所有的分销网络,进而加强了其中各变量关系的普遍适用性,但是本研究的调研是在中国完成的,只收集了中国分销商的数据,并没有任何实验证据证明本书的研究能够被应用到别国的经济环境中。在别的国家的背景下,观察者分销商可能会有不同的反应。因为在中国的营销氛围中,人们大都注重相互比较,从而引起观察者分销商对奖励积极的反应。而一些西方国家更注重个人的发展,观察者分销商可能会对奖励有不同的反应。因此,未来通过在其他国家环境中检测本书的理论模型能够加强研究者对奖励的观察者效应的理解。

其次,本研究采取问卷调查法收集数据,具体是通过要求分销商回溯奖励事件而得到的问卷数据。虽然本研究已经通过各种努力控制了回溯法收集数据的缺陷,但是研究者还是建议未来的研究可以配合使用多种数据收集和调研方法(如行为实验法、纵向研究法和多源头的数据收集等)来补充本研究结果;还可以通过纵向研究来客观地评估观察者分销商的事后绩效,从而验证本书有关奖励对观察者分销商关系承诺影响的研究结果。另外,研究者是从观察者分销商那里获得的数据,但有关整个分销网络结构的变量,例如分销商的网络中心性,供应商可能对此有更多的了解。因此,未来的研究可以从供应商那里获得有关整个分销网络情况的数据,以便更加准确地验证理论模型。

再次,本书的数据并不能揭示奖励的具体原因。未来研究应该考虑进行奖励的具体原因,以及具体原因的不同是否会引起观察者分销商对奖励做出不同的评估,具体可以采用的方法是:从获得奖励的焦点双边关系中获得数据,或者通过实验的操作来控制奖励的原因。另外,通过研究有关获得奖励的焦点双边关系的合同条款,研究者也能进一步解释供应商的奖励措施和观察者分销商的反应之间的关系。

最后,本研究结果表明,奖励的力度越大,观察者分销商的善意嫉妒也越大,进而增强其关系承诺。但是,奖励力度真的是越大越好吗,会不会有一个临界值？如果奖励超过这一临界值，是否会激发观察者分销商更多的恶意嫉妒，减少其善意嫉妒，进而减少其合作行为和关系投入呢？现有的数据不支持我们对此做进一步的探究，研究者希望在未来的有关奖励观察者效应的研究中涉及这一方面。

附录

调查问卷

尊敬的女士/先生：

您好！感谢您填写此问卷！请您根据自己的真实想法回答以下问题，并在您认为合适的答案上打“√”或填入具体的数字或答案。答案无对错之分，您的真实想法就是最好的答案。我们郑重向您保证，一定会做好保密工作，任何个人数据都不会对外公布。问卷调查采取匿名形式，无须署名，请您安心作答。非常感谢您的合作！

课题组

第一部分

一、填写公司信息（请写出一家与本公司合作的最主要的供应商，回答下列所有问题）。

1. 该供应商的名称：____________________

该供应商是(可多选)__________：

A. 国有企业　B. 集体所有制企业　C. 私营企业　D. 股份制公司

E. 中外合资公司(请注明外资的国家：__________)　F. 外资公司(请注明外资的国家：__________)

2. 我们与该供应商合作多久了？ __________年

3. 我们大致有多少员工？ __________人

4. 我们的名称：____________________

5. 您在公司中的职位：____________________

6. 该供应商是不是我们的独家供应商？　A. 是　B. 否

二、请回想过去一年中，该供应商（简称“X”）的某个分销商（简称“Y”）在销售过程中业绩（例如，某个项目业绩、利润、销售额、服务质量、顾客满意度等）比较突出，因此供应商 X 对它进行了奖励。请选择其中您印象最深刻、情况了解最清楚的一次奖励，回忆当时的情形。

1. 那个分销商（Y）做出了下列何种比较突出的业绩（可多选）？（　　　）

A. 某个项目经营好（请列出该项目）__________ B. 利润 C. 销售额 D. 服务质量 E. 销售创新 F. 顾客满意度 G. 其他（请列明）__________

2. 您的供应商（X）对分销商（Y）做出了以下哪些奖励（可多选）？（　　　）

A. 现金奖励 B. 配额增加 C. 表扬 D. 书面嘉奖 E. 给其他分销商演说 F. 国内旅游 G. 国外旅游 H. 实物奖励（请列明具体实物）__________ I. 增加利润分成比例 J. 其他（请列明）__________

3. 受奖励的分销商（Y）的名称：__________

4. 受奖励的分销商（Y）与该供应商（X）合作多久了？ ________年

5. 受奖励的分销商（Y）大约有多少员工？ ________人

三、请根据您对该供应商（X）这次（印象最深刻的）奖励分销商（Y）的印象，对下述每一个描述按 7 分制评分，完全不同意的 1 分，完全同意的 7 分，其他同意程度可选 2～6 分。

第 1 节	1	2	3	4	5	6	7
1. 该供应商（X）对该分销商（Y）做出的贡献采取了奖励措施							
2. 该供应商（X）对该分销商（Y）做出的奖励使该分销商十分满意							

续　表

第 1 节	1	2	3	4	5	6	7
3. 该供应商(X)对该分销商(Y)进行了充分的奖励							
4. 该分销商(Y)得到了充分的奖励							

该供应商(X)对该分销商(Y)的奖励(请按照实际情况进行评分):

没有进行奖励						采取了最高级别的奖励
1	2	3	4	5	6	7
进行了最轻的奖励						进行了充分的奖励
1	2	3	4	5	6	7
是吝啬的						是大方的
1	2	3	4	5	6	7

完全不同意的 1 分,完全同意的 7 分,其他同意程度可选 2～6 分。

第 2 节	1	2	3	4	5	6	7
1. 该供应商(X)奖励分销商(Y)的程度与奖励其他分销商类似行为的程度相同							
2. 分销商(Y)得到了应得的奖励							
3. 从各个方面考虑,分销商(Y)得到了与奖励其他分销商类似行为的程度相同的奖励							
第 3 节	**1**	**2**	**3**	**4**	**5**	**6**	**7**
1. 该供应商(X)阐述了足够的奖励原因							
2. 分销商(Y)参与了决定奖励实施的步骤							
3. 该供应商(X)向分销商阐明了下次类似情况的奖励办法							
4. 该供应商(X)了解该分销商的业绩信息							

第二部分

请评价在该供应商(X)对该分销商(Y)的奖励事件之后,您与供应商(X)的关系。

第 1 节	1	2	3	4	5	6	7
1. 我们十分愿意为扩大该供应商(X)的销售额而投入人力和资源							
2. 我们愿意多花时间配合该供应商(X)的发展							
3. 我们乐意为与该供应商(X)的合作偶尔做出一些利益牺牲							
4. 比起其他供应商,我们更有兴趣与该供应商(X)做生意							
5. 与该供应商(X)的合作关系令我们感到十分自豪							
第 2 节	**1**	**2**	**3**	**4**	**5**	**6**	**7**
1. 我们很羡慕得到奖励的分销商(Y)							
2. 我们很佩服得到奖励的分销商(Y)							
3. 我们希望能通过努力得到相同的奖励							
4. 我们也希望能够得到奖励							
5. 如果能得到奖励也会令我们备受鼓舞							
6. 得到奖励的分销商(Y)是我们为之奋斗的目标							
7. 我们和得到奖励的分销商(Y)关系良好							
第 3 节	**1**	**2**	**3**	**4**	**5**	**6**	**7**
1. 我们很嫉妒得到奖励的分销商(Y)							
2. 我们希望得到奖励的分销商(Y)从此以后都不再受嘉奖							

续 表

第 3 节	1	2	3	4	5	6	7
3. 我们希望得到奖励的分销商(Y)会在其他方面失败							
4. 我们希望破坏得到奖励的分销商(Y)的荣誉							
5. 我们和得到奖励的分销商(Y)之间关系不佳							
6. 我们希望夺走得到奖励的分销商(Y)的荣誉							
7. 我们对得到奖励的分销商(Y)不满							

第三部分

请根据您在该分销网络中的情况,对下列陈述句进行评分。

第 1 节	1	2	3	4	5	6	7
1. 我们是渠道网络中关键的一环							
2. 我们与其他分销商少有联系							
3. 我们在渠道中很有分量							
4. 我们在渠道中							
很不活跃						非常活跃	
1	2	3	4	5	6	7	
5. 我们与其他分销商							
少有联系						联系密切	
1	2	3	4	5	6	7	
6. 我们在渠道中							
无关紧要						举足轻重	
1	2	3	4	5	6	7	

~ 问卷调查到此结束,再次感谢您的参与和支持! 谢谢! ~

参考文献

[1] 刘益，钱丽萍，尹健. 供应商专项投资与感知的合作风险：关系发展阶段与控制机制的调节作用研究[J]. 中国管理科学，2006：14(1)：30－36.

[2] 温忠麟，叶宝娟. 有调节的中介模型检验方法：竞争还是替补？[J]. 心理学报，2014，46(5)：714－726.

[3] 张闯. 网络视角下的渠道权力结构：理论模型与研究命题[J]. 营销科学学报，2008，4(1)：120－136.

[4] 庄贵军，席酉民. 关系营销在中国的文化基础[J]. 管理世界，2003(10)：98－109.

[5] Achrol R S. Evolution of the marketing organization: New forms for turbulent environments[J]. Journal of Marketing, 1991, 55(4): 77－93.

[6] Achrol R S, Kotler P. Marketing in the network economy[J]. Journal of Marketing, 1999, 63(4): 146－163.

[7] Adams J S. Inequity in social exchange[A]. In L Berkowitz (Ed.), Advances in Experimental Social Psychology(Vol. 2, pp. 267 - 299)[M]. New York: Academic Press, 1965.

[8] Akerlof G A, Kranton R E. Identity and the economics of organizations[J]. Journal of Economic Perspectives, 2005, 19(1): 9 - 32.

[9] Allen N J, Meyer J P. The measurement and antecedents of affective, continuance and normative commitment to the organization[J]. Journal of Occupational Psychology, 1990, 63(1): 1 - 18.

[10] Anderson E, Weitz B A. The use of pledges to build and sustain commitment in distribution channels[J]. Journal of Marketing Research, 1992, 29(1): 18 - 34.

[11] Anderson J C, Gerbing D W. Structural equation modeling in practice: A review and recommended two - step approach[J]. Psychological Bulletin, 1988, 103(3): 411 - 423.

[12] Antia K D, Bergen M E, Dutta S, Fisher R J. How does enforcement deter gray market incidence? [J]. Journal of Marketing, 2006, 70(1): 92 - 106.

[13] Antia K D, Frazier G L. The severity of contract enforcement in interfirm channel relationships[J]. Journal of Marketing, 2001, 65(4): 67 - 81.

[14] Aristotle. On rhetoric: A theory of civic discourse (G A Kennedy, Trans.)[M]. New York: Oxfrod University Press, 1991.

[15] Arrow K J. Essays in the theory of risk bearing[M]. Chicago: Markham, 1971.

[16] Bagozzi R P, Yi Y. On the Evaluation of Structural Equation Models

[J]. Journal of the Academy of Marketing Science, 1988, 16(1): 74-94.

[17] Baker G P. Distortion and risk in optimal incentive Contracts[J]. Journal of Human Resources, 2002, 37(4): 728-751.

[18] Bandura A. Social foundations of thought and action: A social cognitive theory[M]. Englewood Cliffs, NJ: Prentice-Hall, Inc, 1986.

[19] Baron R M, Kenny D A. The moderator-mediator variable distinction in social psychological research: Conceptual, strategic, and statistical considerations[J]. Journal of Personality and Social Psychology, 1986, 51(6): 1173.

[20] Bavelas A. Communication patterns in task oriented groups[J]. Journal of the Acoustical Society of America, 1950, 22: 271-282.

[21] Belk R W. Marketing and envy[A]. In R H Smith (Ed.), Envy: Theory and research (pp. 211-226)[M]. New York: Oxford University Press, 2008.

[22] Bembenek A F, Beike D R, Schroeder D A. Justice violations, emotional reactions and justice-seeking responses[A]. In D De Cremer (Ed.), Advances in the psychology of justice and affect (pp. 15-36)[M]. Greenwich, CT: Information Age Publishing, 2007.

[23] Bergen M, Dutta S, Walker Jr O C. Agency relationships in marketing: A reveiw of the implications and applications of agency and related theories[J]. Journal of Marketing, 1992, 56(July): 1-24.

[24] Beugre C D. Implementing business process reengineering: The role of organizational justice[J]. The Journal of Applied Behavioral

Science, 1998, 34(3): 347 - 360.

[25] Bies R J, Moag J F. Interactional justice: Communication criteria of fairness[A]. In R J Lewicki, B H Sheppard, M H Bazerman (Eds.), Research on negotiations in organizations(Vol. 1, pp. 43 - 55)[M]. Greenwich, CT: JAI Press, 1986.

[26] Bies R J, Tripp T M. A passion for justice: The rationality and morality of revenge[A]. In R Cropanzano (Ed.), Justice in the workplace: From theory to practice (Vol. 2, pp. 197 - 208)[M]. Mahwah, NJ: Lawrence Erlbaum Associates, 2001.

[27] Blanton H, Buunk B P, Gibbons F X, Kuyper H. When better-than-others compare upward: Choice of comparison and comparative evaluation as independent predictors of academic performance[J]. Journal of Personality and Social Psychology, 1999, 76(3): 420 - 430.

[28] Blau P. Exchange and power in social life[M]. New York: Wiley, 1964.

[29] Borgatti S, Li X. On social network analysis in a supply chain context[J]. Journal of Supply Chain Management, 2009, 45(2): 5 - 22.

[30] Brashear T, Boles J S, Brooks C. Distributive and procedural justice in a sales force context: Scale development and Validation[J]. Journal of Business Research, 2004, 57(January): 86 - 93.

[31] Brass D J. Men's and women's networks: A study of interaction patterns and influence in an organization[J]. Academy of Management Journal, 1985, 28: 327 - 343.

[32] Brass D J. Creativity: It's all in your social network[A]. In C M Ford, D A Gioia(Eds.), Creative action in organizations (pp. 94 - 99)[M].

Thousand Oaks, CA: Sage, 1995.

[33] Brown J R, Lusch R F, Nicholson C Y. Power and relationship commitment: Their impact on marketing channel member performance[J]. Journal of Retailing, 1995, 71(4): 363 - 392.

[34] Burt R S. Toward a structural theory of action[M]. New York: Academic Press, 1982.

[35] Burt R S. Structural holes: The social structure of competition [M]. Cambridge, MA: Harvard University Press, 1992.

[36] Burt R S. The contingent value of social capital. Administrative Science Quarterly[J], 1997, 42(6): 339 - 365.

[37] Burt R S. Neighbor networks: Competitive advantage local and personal[M]. New York: Oxford University Press, 2010.

[38] Buunk B P, Collins R L, Taylor S E, VanYperen N W, Dakof G A. The affective consequences of social comparison: Either direction has its ups and downs [J]. Journal of Personality and Social Psychology, 1990, 59(6): 1238.

[39] Buunk A P, Gibbons F X. Social comparison: The end of a theory and the emergence of a field [J]. Organizational Behavior and Human Decision Processes, 2007, 102(1): 3 - 21.

[40] Cannon J P, Perreault Jr W D. Buyer-seller relationships in business markets[J]. Journal of Marketing Research, 1999, 36(November): 439 - 460.

[41] Challagalla G N, Shervani T A. Dimensions and types of supervisory control: Effects on salesperson performance and satisfaction[J]. Journal of Marketing, 1996, 60(1): 89 - 105.

[42] Cohen J. Statistical Power Analysis for the Behavioral Sciences[M]. 2nd edn. Hillsdale, New Jersey: Lawrence Erlbaum Associates,

1988.

[43] Cohen-Charash Y, Mueller J S. Does perceived unfairness exacerbate or mitigate interpersonal counterproductive work behaviors related to envy[J]? Journal of Applied Psychology, 2007, 92(3): 666 - 680.

[44] Collins R L. For better or worse: The impact of upward social comparison on self-evaluations[J]. Psychological Bulletin, 1996, 119: 51 - 69.

[45] Crusius J, Lange J. What catches the envious eye? Attentional biases within malicious and benign envy [J]. Journal of Experimental Social Psychology, 2014, 55: 1 - 11.

[46] Das T, Kumar R. Regulatory focus and opportunism in the alliance development process[J]. Journal of Management, 2011, 37(3): 682.

[47] DeSteno D, Valdesolo P, Bartlett M Y. Jealousy and the threatened self: Getting to the heart of the green-eyed monster[J]. Journal of Personality and Social Psychology, 2006, 91(4): 626 - 641.

[48] Dutta S, Bergen M, John G. The governance of exclusive territories when dealers can bootleg[J]. Marketing Science, 1994, 13(1): 83 - 99.

[49] Eliashberg J, Michie D A. Multiple business goals sets as determinants of marketing channel conflict: An empirical study[J]. Journal of Marketing Research, 1984, 21: 75 - 88.

[50] Elster J. Envy in social life[A]. In R J Zeckhauser (Ed.), Strategy and Choice. Cambridge (pp. 49 - 82)[M]. MA: MIT Press, 1991.

[51] Epstein J. Envy[M]. New York: Oxford University Press, 2003.

[52] Exline J J, Lobel M. The Perils of Outperformance: Sensitivity

about being the target of a threatening upward comparison[J]. Psychological Bulletin, 1999, 125: 307-337.

[53] Falk R F, Miller N B. A primer for soft modeling[M]. Akron, OH, US: University of Akron Press, 1992.

[54] Feeley T H, Barnett G A. Predicting employee turnover from communication networks[J]. Human Communication Research, 1997, 23: 370-387.

[55] Feeley T H, Hwang J, Barnett G. Predicting employee turnover from friendship networks[J]. Journal of Applied Communication Research, 2008, 36: 56-73.

[56] Feldman J M, Lynch J G. Self-generated validity and other effects of measurement on belief, attitude, intention, and behavior[J]. Journal of Applied Psychology, 1988, 73(3): 421.

[57] Festinger L. Wish, expectations, and group standards as factors influencing level of aspiration[J]. Journal of Abnormal and Social Psychology, 1942, 37: 184-200.

[58] Festinger L. A theory of social comparison processes[J]. Human Relations, 1954, 7: 117-140.

[59] Fiske S T, Taylor S E. Social cognition[M]. Reading, MA: Addison-Wesley, 1984.

[60] Folger R, Konovsky M A. Effects of procedural and distributive justice on reactions to pay raise decisions[J]. Academy of Management Journal, 1989, 32: 115-130.

[61] Fornell C, Larcker D F. Evaluating Structural Equation Models with Unobservable Variables and Measurement Error[J]. Journal of Marketing Research, 1981, 18 (1): 39-50.

[62] Foster G M. The anatomy of envy: a study in symbolic behavior

[J]. Current Anthropology, 1972, 13(2): 165-202.

[63] Freeman L C. Centrality in social networks conceptual clarification [J]. Social Networks, 1979, 1(3): 215-239.

[64] Freeman L C, Roeder D, Mulholland R R. Centrality in social networks: Ⅱ. Experimental results[J]. Social Networks, 1979, 2: 119-141.

[65] Fry W R, Cheney G. Perceptions of procedural fairness as a function of distributive preference[R]. Detroit: Paper presented at the meeting of the Midwestern Psychological Association, 1981.

[66] Galaskiewicz J. Exchange networks and community politics[M]. Beverly Hills, CA: Sage Publications, 1979.

[67] Gefen D, Straub D, Boudreau M-C. Structural equation modeling and regression: Guidelines for research practice [J]. Communications of the Association for Information Systems, 2000, 4(1): 1-79.

[68] Gerbing D W, Anderson J C. An updated paradigm for scale development incorporating unidimensionality and its assessment[J]. Journal of Marketing Research, 1988, 25(2): 186-192.

[69] Giacobbe-Miller J K, Miller D J, Victorov V I. A comparison of Russian and U. S. pay allocation decisions, distributive justice judgements, and productivity under different payment conditions [J]. Personnel Psychology, 1998, 51: 137-163.

[70] Gibbons R. Incentives in organizations[J]. Journal of Economic Perspectives, 1998, 12 (4): 115-132.

[71] Gilliland D I. Toward a business-to-business channel incentives classification scheme[J]. Industrial Marketing Management, 2003, 32: 55-67.

[72] Gilliland D I. Designing channel incentives to overcome reseller rejection[J]. Industrial Marketing Management, 2004, 33(2): 87-95.

[73] Gilliland D I, Kim S K. When do incentives work in channels of distribution[J]? Journal of the Academy of Marketing Science, 2014, 42(4): 361-379.

[74] Goodman L E, Dion P A. The determinants of commitment in the distributor-manufacturer relationship [J]. Industrial Marketing Management, 2001, 30(3): 287-300.

[75] Granovetter M S. The strength of weak ties[J]. American Journal of Sociology, 1973, 78: 1360-1380.

[76] Granovetter M S. Economic action and social structure: The problem of embeddedness[J]. The American Journal of Sociology, 1985, 91(3): 481-510.

[77] Greenberg J. Determinants of perceived fairness of performance evaluations[J]. Journal of Applied Psychology, 1986, 71: 340-342.

[78] Greenberg J. A taxonomy of organizational justice theories[J]. Academy of Management Review, 1987, 12(1): 9-22.

[79] Gulati R. Alliances and networks [J]. Strategic Management Journal. 1998, 19(4): 293-317.

[80] Gundlach G T, Cadotte E R. Exchange interdependence and interfirm interaction: Research in a simulated channel setting[J]. Journal of Marketing Research, 1994, 31(4): 516-532.

[81] Guth W D, Tagiuri R. Personal values and corporate strategy[J]. Harvard Business Review, 1965, 43(5): 123-132.

[82] Hakansson H, Snehota I. Developing relationships in business

networks[M]. Boston：International Thomson Press，1995.

[83] Hair J F，Anderson R E，Tatham R L，Black W C. Multivariate data analysis[M]. Upper Saddle River，NJ：Prentice Hall，1998.

[84] Hair J F，Ringle C M，Sarstedt M. PLS-SEM：Indeed a silver bullet[J]. Journal of Marketing Theory and Practice，2011，19(2)：139 - 151.

[85] Hanneman R A. Introduction to social network methods：Department of Sociology [M]. Riverside，CA：University of California，2001.

[86] Harman H H. Modern factor analysis[M]. Chicago：University of Chicago Press，1967.

[87] Heide J B，John G. The role of dependence balancing in safeguarding transaction-specific assets in conventional channels[J]. Journal of Marketing，1988，52(1) ：20 - 35.

[88] Heider F. The psychology of interpersonal relations [M]. New York：Wiley，1958.

[89] Henseler J，Ringle C M，Sinkovics R R. The use of partial least squares path modeling in international marketing [A]. In R R Sinkovics，P N Ghauri (Eds.)，New Challenges to international marketing(pp. 277 - 319)[M]. Bingley：Emerald，2009.

[90] Hornby G. Working with parents of children with special needs [M]. London：Cassell，1995.

[91] Huguet P，Galvaing M P，Monteil J M，Dumas F. Social presence effects in the Stroop task：Further evidence for an attentional view of social facilitation [J]. Journal of Personality and Social Psychology，1999，77：1011 - 1025.

[92] Hulland J. Use of partial least squares (PLS) in strategic

management research：A review of four recent studies[J]. Strategic Management Journal，1999，20(2)：195－204.

[93] Huo B. An exploratory study of power，relationship commitment，supply chain integration and performance[J]. ProQuest，2007.

[94] Hurwicz L. On informationally decentralized systems[A]. In R Radner，C B MacGuire (Eds.)，Decision and organization：A volume in honor of Jacob Marschak[M]. Amsterdam：North Holland Publishing Company，1972.

[95] Iacobucci D，Hopkins N. Modeling dyadic interactions and networks in marketing[J]. Journal of Marketing Research，1992，29(1)：5－17.

[96] Ibarra H. Network centrality，power，and innovation involvement：Determinants of technical and administrative roles[J]. Academy of Management Journal，1993，36：471－501.

[97] Ibarra H，Andrews S B. Power，social influence，and sense making：Effects of network centrality and proximity on employee perceptions[J]. Administrative Science Quarterly，1993，38：277－303.

[98] Inkpen A C，Tsang E W K. Social capital，networks，and knowledge transfer[J]. Academy of Management Review，2005，30(1)：146－165.

[99] Jarillo. On strategic networks[J]. Strategic Management Journal，1988，9(1)：31－41.

[100] Johnson J，Mattsson L G. Interorganizational relations in industrial systems：a network approach compared with the transaction-cost approach[J]. International Studies of Management & Organization，1987，17(1)：34－48.

[101] Kabanoff B, Brown S. Knowledge structure of prospectors, analyzers, and defenders: Content, structure, stability, and performance[J]. Strategic Management Journal, 2008, 29: 149 - 171.

[102] Kashyap V, Antia K D, Frazier G L. Contracts, extracontractual incentives and ex post behavior in franchise channel relationships [J]. Journal of Marketing Research, 2012, 49(2): 260 - 276.

[103] Kelley H H. The two functions of reference groups[A]. In G E Swanson, T M Newcomb, E L Hartley (Eds.), Readings in social psychology, 2nd ed (pp. 410 - 414) [M]. New York: Holt, Rinehart and Winston, 1952.

[104] Kim K, Frazier G L. On distributor commitment in industrial channels of distribution: A multicomponent approach [J]. Psychology and Marketing, 1997, 14(8): 847 - 877.

[105] Klein B, Leffler K B. The role of market forces in assuring contractual performance[J]. Journal of Political Economy, 1981, 89(4): 615 - 641.

[106] Kline R B. Principles and practices of structural equation modeling [M]. Newbury Park CA: Sage Publications, 1993.

[107] Konovsky M A, Cropanzano R. Perceived fairness of employee drug testing as a predictor of employee attitudes and job performance[J]. Journal of Applied Psychology, 1991, 76(5): 698.

[108] Krackhardt D. The strength of strong ties: The importance of philos in organizations[A]. In N Nohria, Eccles R G (Eds.), Networks and organizations: Structure, form and actions (pp. 216 - 239)[M]. Boston: Harvard Business School Press, 1992.

[109] Krehbiel P J, Cropanzano R. Procedural justice, outcome favorability and emotion[J]. Social Justice Research, 2000, 13(4): 339-360.

[110] Kulik C T, Ambrose M L. Personal and situational determinants of referent choice[J]. Academy of Management review, 1992, 17(2): 212-237.

[111] Kumar N, Scheer L K, Steenkamp J-B E. The effects of supplier fairness on vulnerable resellers [J]. Journal of Marketing Research, 1995, 32: 54-65.

[112] Laumann E O, Galaskiewicz J, Marsden P V. Community structure as interorganizational linkages[J]. Annual Review of Sociology, 1978, 4: 455-484.

[113] Leavitt H J. Some effects of communication patterns on group performance[J]. Journal of Abnormal and Social Psychology, 1951, 46: 38-50.

[114] Lemaine G. Social differentiation and social originality [J]. European Journal of Social Psychology, 1974, 4(1): 17-52.

[115] Leventhal G S. What should be done with equity theory? New approaches to the study of fairness in social relationships[A]. In K Gergen, M Greenberg, R Willis (Eds.), Social exchange: Advances in theory and research(pp. 27-55)[M]. New York: Plenum Press, 1980.

[116] Lieblich A. Antecedents of envy relation [J]. Journal of Personality Assessment, 1971, 35(1): 92-98.

[117] Lind E A, Tyler T R. The Social Psychology of Procedural Justice [M]. New York: Plenum Press, 1988.

[118] Lockwood P, Kunda Z. Superstars and me: Predicting the impact

of role models on the self[J]. Journal of Personality and Social Psychology, 1997, 73(1): 91.

[119] Luo Y. The independent and interactive roles of procedural, distributive, and interactional justice in strategic alliances[J]. Academy of Management Journal, 2007, 50(3): 644 - 664.

[120] Nahapiet J, Ghoshal S. Social capital, intellectual capital and the organizational advantage [J]. The Academy of Management Review, 1998, 38(2): 242 - 266.

[121] Mannix E A, Neale M, Northcraft G. Equity, equality or need? The effects of organizational culture on the allocation of benefits and burdens[J]. Organizational Behavior and Human Decision Processes, 1995, 63: 276 - 286.

[122] March J G, Simon H A. Organizations [M]. New York: Wiley, 1958.

[123] Mariotti S, Cainarca G C. The evolution of transaction governance in the textile-clothing industry[J]. Journal of Economic Behaviour and Organization, 1986, 7(4): 351 - 374.

[124] Martin M C, Gentry J W. Stuck in the model trap: The effects of beautiful models in ads on female pre-adolescents and adolescents [J]. Journal of Advertising, 1997, 26(2): 19 - 33.

[125] McClurg, L A, Butler D S. Workplace theft: A proposed model and research agenda[J]. Southern Business Review, 2006, 31(2): 25 - 34.

[126] McFarland R G, Bloodgood J M, Payan J M. Supply chain contagion[J]. Journal of Marketing, 2008, 72(3): 63 - 79.

[127] Merton R K, Rossi A K. Contributions to the theory of reference group behavior[A]. In H H Hyman, E Singer (Eds.), Readings

in reference group theory and research[M]. New York: Free Press, 1968.

[128] Miceli M, Castelfranchi C. The envious mind[J]. Cognition & Emotion, 2007, 21(3): 449 - 479.

[129] Miner M. Burnout in the first year of ministry: Personality and belief style as important predictors[J]. Mental Health, Religion, & Culture, 2007, 10: 17 - 29.

[130] Miller C C, Cardinal L B, Glick W H. Retrospective reports in organizational research: A reexamination of recent evidence[J]. Academy of Management Journal, 1997, 40(1): 189 - 204.

[131] Mishra D P, Heide J B, Cort S G. Information asymmetry and levels of agency relationships[J]. Journal of Marketing Research, 1998, 35(8): 277 - 295.

[132] Montada L. Injustice in harm and loss[J]. Social Justice Research, 1994, 7(1): 5 - 28.

[133] Moorthy K S. Managing channel profits: Comment[J]. Marketing Science, 1987, 6(Fall): 375 - 390.

[134] Morgan R M, Hunt S D. The commitment-trust theory of relationship marketing[J]. Journal of Marketing, 1994, 58: 20 - 38.

[135] Mowday R T, Steers R M. The measurement of organizational commitment[J]. Journal of Vocational Behavior, 1979, 14: 224 - 247.

[136] Mussweiler T, Rüter K, Epstude K. The ups and downs of social comparison: Mechanisms of assimilation and contrast[J]. Journal of Personality and Social Psychology, 2004, 87(6): 832 - 844.

[137] Mussweiler T, Strack F. The "relative self": Informational and

judgmental consequences of comparative self-evaluation [J]. Journal of Personality and Social Psychology, 2000, 79: 23-38.

[138] Myers M B, Griffith D A. Strategies for Combating Gray Market Activity[J]. Business Horizons, 1999, 42(6): 2-8.

[139] Palay T. Avoiding regulatory constraints: Contracting safeguards and the role of informal agreements [J]. Journal of Law, Economics and Organization, 1985, 1: 155-175.

[140] Palmatier R W, Scheer L K, Steenkamp J-B E M. Customer loyalty to whom? Managing the benefits and risks of salesperson-owned loyalty[J]. Journal of Marketing Research, 2007, 44(5): 185-199.

[141] Park S H, Luo Y. Guanxi and organizational dynamics: Organizational networking in Chinese firms [J]. Strategic Management Journal, 2001, 22: 455-477.

[142] Parks C D, Rumble A C, Posey D C. The effects of envy on reciprocation in a social dilemma [J]. Personality and Social Psychology Bulletin, 2002, 28(4): 509-520.

[143] Parrott W G, Smith R H. Distinguish the experiences of envy and jealousy[J]. Journal of Personality and Social Psychology, 1993, 64(6): 906-920.

[144] Paterson J M, Cary J. Organizational justice, change anxiety, and acceptance of downsizing: Preliminary tests of an AET-based model[J]. Motivation and Emotion, 2002, 26: 83-103.

[145] Preacher K J, Hayes A F. SPSS and SAS procedures for estimating indirect effects in simple mediation models[J]. Behavior Research Methods, Instruments, & Computers, 2004, 36(4): 717-731.

[146] Reinartz W J, Haenlein M, Henseler J. An empirical comparison of the efficacy of covariance-based and variance-based SEM[J]. International Journal of Research in Marketing, 2009, 26 (4): 332 - 344.

[147] Rindfleisch A, Moorman C. The acquisition and utilization of information in new product alliances: A strength-of-ties perspective[J]. Journal of Marketing, 2001, 65(2): 1 - 18.

[148] Robicheaux R A, Coleman J E. The structure of marketing channel relationships[J]. Journal of the Academy of Marketing Science, 1994, 22(1): 38 - 51.

[149] Rosenbloom B. Marketing Channels: A Management View[M]. Chicago: Dryden Press, 1990.

[150] Ryan R M, Deci E L. Intrinsic and extrinsic motivations: Classic definitions and new directions [J]. Contemporary Educational Psychology, 2000, 25(1): 54 - 67.

[151] Schaubroeck J, Lam S S. Comparing lots before and after: Promotion rejectees' invidious reactions to promotes [J]. Organizational Behavior and Human Decision Processes, 2004, 94(1): 33 - 47.

[152] Scherer K R, Schorr A, Johnstone T. (Eds.). Appraisal processes in emotion: Theory, methods, research [M]. New York: Oxford University Press, 2001.

[153] Shah P P. Network destruction: The structural implications of downsizing[J]. The Academy of Management Journal, 2000, 43: 101 - 112.

[154] Shaver K G. Principles of Social Psychology (3rd Ed.) [M]. Hillsdale, NJ: Lawrence Erlbaum Associates, 1987.

[155] Sindhav V B. The role of organizational justice in managing change within marketing channels[J]. Journal of Marketing Channels, 2001, 9(1/2): 65－91.

[156] Smith C A, Kirby L D. 2001. 4. Consequences require antecedents [J]. Feeling and thinking: The role of affect in social cognition, 2001, 83: 91.

[157] Smith R H, Parrott W G, Diener E F, Hoyle R H, Kim S H. Dispositional envy[J]. Personality and Social Psychology Bulletin, 1999, 25: 1007－1020.

[158] Sparrowe R T, Liden R C, Wayne S J, Kraimer M L. Social networks and the performance of individuals and groups[J]. Academy of Management Journal, 2001, 44: 316－325.

[159] Steenkamp J B E M, Van Trijp H C M. The use of LISREL in validating marketing constructs[J]. International Journal of Research in marketing, 1991, 8(4): 283－299.

[160] Sterling C M. A tale of two envys: A social network perspective on the consequences of workplace social comparison[D]. Retrieved from http://uknowledge.uky.edu/management_etds/5/, 2013.

[161] Stump R L, Heide J B. Controlling supplier opportunism in industrial relationships[J]. Journal of Marketing Research, 1996, 33: 431－441.

[162] Sundie J M, Ward J C, Beal D J, Chine W W, Geiger-Oneto S. Schadenfreude as a consumption-related emotion: Feeling happiness about the downfall of another's product[J]. Journal of Consumer Psychology, 2009, 19: 356-373.

[163] Testa M, Major B. Affective and behavioral consequences of social comparison[R]. Paper presented at the annual meetings of the

Eastern Psychological Association, Buffalo, New York, 1988.

[164] Telser L G. A theory of self-enforcing agreements[J]. Journal of Business, 1980, 53(1): 27 - 44.

[165] Tesser A. Towards a self-evaluation maintenance model of social behavior[A]. In L Berkowitz (Ed.), Advances in experimental social psychology (Vol. 21, pp. 181 - 229) [M]. New York: Academic Press, 1988.

[166] Thomson J. The seasons[M]. London: Longman, Brown, Green, & Longman's (Original work published 1730), 1842.

[167] Thompson S C. Will it hurt less if I can control it? A complex answer to a simple question[J]. Psychological Bulletin, 1981, 90: 89 - 101.

[168] Thorelli H B. Networks: Between markets and Hierarchies[J]. Strategic Management Journal, 1986, 7(1): 37 - 51.

[169] Tichy N, Tushman M, Fombrun C. Social network analysis for organizations[J]. Academy of Management Review, 1979, 4(4): 507 - 519.

[170] Tripp T M, Bies R J. Seeking revenge in organizations: An exploration into the hearts and minds of avengers[J]. Research on Negotiation in Organizations, 1996, 6: 145 - 160.

[171] Tyler T R, Lind E A. A relational model of authority in groups[J]. Advances in Experimental Social Psychology, 1992, 25 (2): 115 - 191.

[172] Useem M. The inner circle: Large corporations and the rise of business political activity [M]. New York: Oxford University Press, 1984.

[173] Uzzi B. Social structure and competition in interfirm networks:

The paradox of embeddedness [J]. Administrative Science Quarterly, 1997, 42: 35 - 67.

[174] Van de Ven N, Zeelenberg M, Pieters R. Leveling up and down: The experiences of benign and malicious envy[J]. Emotion, 2009, 9(3): 419 - 429.

[175] Van de Ven N, Zeelenberg M, Pieters R. Warding off the evil eye: When the fear of being envied increases prosocial behavior[J]. Psychological Science, 2010, 21(11): 1671 - 1677.

[176] Van de Ven N, Zeelenberg M, & Pieters R. The envy premium in product evaluation[J]. Journal of Consumer Research, 2011, 37(6): 984 - 998.

[177] Van der Zee K, Buunk B, Sanderman R, Botke G, van den Bergh F. Social comparison and coping with cancer treatment [J]. Personality and Individual Differences, 2000, 28: 17 - 34.

[178] Vecchio R P. Explorations in employee envy: Feeling envious and feeling envied[J]. Cognition & Emotion, 2005, 19(1): 69 - 81.

[179] Wang D T, Gu F F, Dong M C. Observer effects of punishment in a distribution network[J]. Journal of Marketing Research, 2013, 50(5): 627 - 643.

[180] Wasserman S, Faust K. Social network analysis: Methods and applications [M]. Cambridge, MA: Cambridge University Press, 1994.

[181] Wathne K H, Heide J B. Opportunism in interfirm relationships: Forms, outcomes, and solutions[J]. Journal of Marketing, 2000, 64(10): 36 - 51.

[182] Wathne K H, Heide J B. Relationship governance in a supply chain network[J]. Journal of Marketing, 2004, 68(1): 73 - 89.

[183] Williamson O E. Markets and hierarchies: Analysis and antitrust implications[M]. New York: The Free Press, 1975.

[184] Wills T A. Downward comparison principles in social psychology [J]. Psychological Bulletin, 1981, 90: 245 - 271.

[185] Wilson D T. An integrated model of buyer-seller relationships[J]. Journal of the Academy of Marketing Science, 1995, 23(4): 335 - 345.

[186] Wood J V. Theory and research concerning social comparisons of personal attributes[J]. Psychological Bulletin, 1989, 106: 231 - 248.

[187] Wood J V, Taylor K L. Serving self-relevant goals through social comparison [A]. In J M Suls, T A Wills (Eds.), Social comparison: Contemporary theory and research (pp. 23 - 49)[M]. New Jersey: Lawrence Erlbaum Associates, Inc, 1991.

[188] Zeelenberg M, Nelissen R M A, Breugelmans S M, Pieters R. On emotion specificity in decision making: Why feeling is for doing [J]. Judgment and Decision Making, 2008, 3: 18 - 27.

[189] Zimbardo P G, Leippe M R. The psychology of attitude change and social influence[M]. United States: McGraw-Hill, 1991.

内 容 提 要

在分销渠道中，奖励是供应商经常使用的一项渠道激励治理策略。但是在现实中，供应商的奖励措施不一定总能带来良好的激励效果。供应商的奖励措施更多地关注优秀分销商，忽视了其他分销商的心理和行为反应。而其他分销商构成了分销网络中的更大的一部分，其反应在一定程度上更加能够反映奖励的实施效果，并最终决定奖励措施的成败。了解奖励对处在观察者地位的分销商的作用机制，能够帮助供应商在渠道中制定和实施有效的奖励策略，真正地达到激励渠道所有分销商的目的。